名师名校名校长

凝聚名师共识
回应名师关怀
打造名师品牌
培育名师群体

张明远题

驾发现之扁舟
行生命之旅途

我的教育教学行思录

JIA FAXIAN ZHI PIANZHOU

XING SHENGMING ZHI LÜTU

WO DE JIAOYU JIAOXUE XINGSILU

隋 晶 著

东北师范大学出版社

长 春

图书在版编目（CIP）数据

驾发现之扁舟　行生命之旅途：我的教育教学行思
录 / 隋晶著. — 长春：东北师范大学出版社，2022.6
ISBN 978-7-5681-9090-9

Ⅰ.①驾… Ⅱ.①隋… Ⅲ.①教育工作－文集 Ⅳ.
①G4-53

中国版本图书馆CIP数据核字（2022）第095346号

□责任编辑：石　斌　　　　　□封面设计：言之凿
□责任校对：刘彦妮　张小娅　□责任印制：许　冰

东北师范大学出版社出版发行

长春净月经济开发区金宝街 118 号（邮政编码：130117）

电话：0431-84568023

网址：http://www.nenup.com

北京言之凿文化发展有限公司设计部制版

北京政采印刷服务有限公司印装

北京市中关村科技园区通州园金桥科技产业基地环科中路 17 号（邮编：101102）

2022年6月第1版　2022年8月第1次印刷

幅面尺寸：170mm×240mm　印张：14.5　字数：188千

定价：58.00元

学思知行　诲人不倦

"师者，所以传道受业解惑也。"一位优秀的教育工作者毕生的职业追求，就是不断提升传道授业解惑的能力。这条道路毫无疑问是艰辛的，需要学而不厌、学思知行，更要桃李不言、诲人不倦。学而不思，无以致知，知而不行，无所谓知。知行合一，则要求教师将所学融入教书育人中，持之以恒，笃行不怠。优秀教师的成长正是在学—思—知—行的周而复始中下自成蹊。隋晶老师就是在这条道路上始终坚守初心的笃行者、佼佼者。

认识隋晶老师是在云南省"万名校长培训计划"第六期培训期间。

云南省"万名校长培训计划"是云南省委省政府贯彻落实《中共中央国务院关于全面深化新时代教师队伍建设改革的意见》，加快推进教育强省建设的重大举措。该项目计划5年内完成全省1万名中小学、幼儿园中青年校长、园长、骨干教师的培养，努力造就一支"政治过硬、品德高尚、业务精湛、治校有方"的校长队伍。项目采用全新的培养模式，以经典著作阅读为主，辅以高水平名家讲座引领思想的碰撞与交流，同时通过不同类型与层次的研讨交流充分展示学习成效，实行全脱产学习。从项目已完成的情况来看，成效显著，学员们都潜心研学、升华思想，努力成长为新时代的优秀校长，乃至教育家型校长。"万名校长培训计划"项目已经成了全省乃至全国教育改革创新的先行者，是云南教育事业发展的又一张靓丽的名片。

项目取得的良好成效与所有参训学员付出的巨大努力是分不开的。他们要在20周的时间内阅读20本经典著作，听取40场名家讲座，完成20份阅读心得，以及20次读书分享……学习任务繁重，学业压力巨大，思想碰撞激烈，理念更新密集。整个学习过程不仅仅是对参训学员专业知识的考验与培养，更是对个人综合素养和综合能力的集中提升。每一位参训学员几乎都要在这个项目的学习过程中经历一次思想上的脱胎换骨，涅槃重生。

隋晶老师是该项目第六期的学员。在参加"万名校长培训计划"项目学习之前，她已经是"云岭教学名师"，是省级小学语文名师工作室的主持人。她对语文教学的理解，"让语文课成为学生的发现之旅"的教学思想，以及对语文教育的认识，让她在小学语文教育教学领域脱颖而出，成为一名优秀的小学语文教师。经过不懈的努力，隋晶老师又成为学校的副校长，开始办学的实践。也是在担任副校长期间，她参加了"万名校长培训计划"第六期的学习，开始深化对教育、对办教育的理解与探索。

学习期间，隋晶老师表现出了一名优秀教育工作者的优良品质。她用心研读每一本经典著作，汲取思想精华，深植教育思想之根；认真聆听每一场名家讲座，记录点滴启发，广集教育思想之果；深度参与交流研讨，遍撒教育思想之种。同时，作为第六期培训成果汇编《启明》编辑部的主编，隋晶老师带领编辑部全体成员在完成繁重的学习任务之余，高质量地完成了八期《启明》的编撰工作。学习成果之佳、工作绩效之高使她出类拔萃，成为第六期参训学员中的杰出人物，也成为项目未来教育家型校长培养的希望之一。作为项目的管理者，我由衷地感谢隋晶老师为全体学员树立的优秀榜样，更真诚地感谢她为项目做出的无私奉献。

不积跬步，无以至千里。涓涓不壅，终为江河。隋晶老师博观约取，厚积薄发。她在学习期间累积的丰硕学习成果，成为本书的基础。全书分为五个部分：砥志研思初长成——聚焦发现，发现儿童，发现教学，发现教育，发现教育的原点与起点；巍巍学府苒风华——聚焦学校，学校之文化，学校之管理，学校之教师，学校发展的基础与关键；绘声绘色演说课——聚焦课程，课程资源，课程开发，课程实施，尤其是生态阅读课程，铺垫学生成长的跑道；他山之石可攻玉——聚焦博采众长，不同学科，不同领域，五育并举，立德树人；书读百遍义自见——聚焦阅读，阅读经典，阅读学习，终身阅读，终身学习，续接专业发展生命之旅。全书集中体现了隋晶老师一段时间以来对学生、对教师、对教育、对学校等诸多教育基本问题的思考与收获，是其教育思想发展过程中的重要阶段性成果，对其自身的专业发展，以及其他中小学校长的专业发展，都有重要的启发与示范作用，是值得潜心细品的一本好书。

实现从好教师到好校长的转变，从隋晶老师转变为隋晶校长，当前是一个关键期。本书体现出来的教育思想与理念已经为隋晶老师的角色转换奠定了扎实的理论基础和思想基础。从理念到实践，隋晶校长还有很长的路要走。

问渠那得清如许？为有源头活水来。学习是进步的不竭动力，唯有学习可以帮助实现理想的教育和教育的理想。学习从来无捷径，坚持才是硬道理。学习是充满思想的劳动，其真正要义在于不断汲取，进而思考，博学审问，慎思明辨，最终学而时习之，笃行之，锲而不舍。本书是隋晶老师上一阶段学习的成果集结，也是隋晶校长开启下一阶段学习的起点。

希望隋晶校长能够继续坚持良好的学习习惯，继续深入思考教育的基本问题，继续探索教育的实践规律，同时也继续积累丰厚的学习成果。任重致远。期待隋晶校长的下一本佳作，更期待隋晶校长带领下的好学校、好教师、好学生、好教育能得到更好的发展。

是为序。

姜元涛

2022年5月23日

（本文作者系云南教育干部培训中心副主任，云南师范大学教师教育专业硕士研究生导师）

目 录

砥志研思初长成

巍巍学府苒风华

绘声绘色演说课

他山之石可攻玉

书读百遍义自见

好的教育要把人的发展放在第一位，以发展的眼光去看待人，以发现的方式去培养人。这就需要教师和学生始终处于一种不断"发现"的状态。

卢梭曾说过："问题不在于告诉他一个真理，而在于教他怎样去发现真理。"好的学校应该是让学生主动"发现真理"的地方，应该是尽可能还原生活与社会的地方；好的教师应该建构促使学生踏上"生命发现之旅"的课堂；好的学生应该有一双善于发现的眼睛，能够开启"世界智慧之窗"的大门。

因此，教育者要善做"生活中发现，发现里成长"的教育，让学生在"活化"的生活教育中不断发现、激活已有的经验，点燃想象的火花，最终形成受益终生的不断成长的能力。

砥志研思初长成

以"发现—习得—运用"建构
小学语文学习生态圈

生态圈（ecosphere），是地球上最大的生态系统，具有自我调节的功能。社会学中的生态圈强化了彼此间的联动性和整体发展的持续性。

语文学习生态圈（Chinese subject study ecosphere），是指阅读与习作联动性和整体性的持续发展。在教学过程中，教师通过"发现—习得—运用"的建构过程，对语文教学本身进行更加精确的定位。教师开展大单元备课，优化课堂结构，可以使学生的语用能力、思维能力及审美情趣得到同步提升。

一、发现：师生共同发现的过程

（一）教师的发现——确定教学目标

部编版三年级语文上册第四单元是"预测阅读策略"单元，整个单元的内容都是围绕着"预测阅读"这一阅读策略进行编写的，要求学生在阅读过程中运用不同的预测方法对故事的走向和结局进行预测。本单元的口语交际、习作和语文天地中的教学内容也都围绕这一内容。教师可以从以下三个方面进行教学目标的确定。

1. 教学目标的设置由浅入深

学生的阅读预测能力不是一蹴而就的，而是需要教师在实际教学过程中有目标、有意识地引导，启发学生边阅读、边预测的意识，并且让学生通过不断进行阅读实践来总结预测的基本方法和途径，通过分解教学梯度逐步达成本单元的教学目标。在实际教学中，教师可以根据学生的学习情况，将课内阅读学习延伸至课外，培养学生边阅读边预测的习惯。

2. 凸显阅读策略的教学主线

教师在教学时可以不要求学生对本单元课文进行预习，以确保在课堂教学过程中学生预测阅读的真实性和及时性，并且根据学生的课堂反应进行及时的教学策略调整，这样才能够整体把握学生阅读预测能力的培养进度。

3. 把握本单元的知识重点

本单元的知识重点明显不同于其他单元。本单元对学生自主阅读能力的要求更高，学生需要通过不断讨论、比较、交流、总结等来进行阅读预测基本方法的总结。因此，教师在教学过程中应当明确本单元培养学生能力的重点，让学生既能够切实地掌握预测这一阅读能力，又能够感受到阅读的趣味性，最终上升到学生语文兴趣和写作能力的培养。（表1）

表1 教学目标的确定

内容	课时	内容简说	教学要点
总也倒不了的老屋	2	一座一百多岁的老屋即将倒下，但它为了帮助小猫、老母鸡、小蜘蛛，坚持着没有倒下。这个故事告诉我们乐于助人会让我们的生活更美好的道理	1.认识23个生字，读准5个多音字，会写13个生字，会写13个词语。

续 表

内容	课时	内容简说	教学要点
胡萝卜先生的长胡子	1	这是一个没有讲完的故事。胡萝卜先生漏刮的一根胡子因为吸收果酱的营养越长越长，长到可以当男孩的风筝线。当胡萝卜先生走过鸟太太家树底下的时候，鸟太太正在找晾衣绳，故事到这里戛然而止，给我们留下了无限的想象空间	2.能一边阅读一边预测，知道预测有不同的角度，预测要有一定的依据，预测的内容跟实际内容可能一样，也可能不一样，初步感受预测的好处和乐趣。 3.能将自己的预测与实际内容进行比较，及时修正自己的想法。 4.阅读《胡萝卜先生的长胡子》《小狗学叫》等不完整的故事，能预测故事的结局。
小狗学叫	1	这是一个有多种结局的故事。一只不会叫的狗为了不被人讨厌去学叫，他跟小公鸡学鸡叫却被狐狸取笑，跟杜鹃学鸟叫却差点被猎人射中。课文安排了三种故事结局，供学生猜想续编	
口语交际	1	名字里的故事	1.能了解自己或他人名字的含义或来历，把了解到的信息讲清楚。 2.听别人讲话的时候，能有礼貌地回应。 3.能向家人讲述同学名字里的故事。
习作	2	续写故事	1.能根据插图和提示续写故事，把故事写完整。 2.能运用改正、增补、删除等修改符号改错。
语文园地	2	交流平台、识字加油站、词句段运用、日积月累	1.结合阅读体验，交流、总结运用预测策略的好处，知道在课外阅读中要自觉运用预测策略。 2.能运用查字典的方法自主认识"典、基"等7个生字。 3.能结合语境读准"假、几、中、处"4个多音字。

内容	课时	内容简说	教学要点
语文园地	2	交流平台、识字加油站、词句段运用、日积月累	4.能说出"百发百中""四面八方""七上八下"等成语构词的特点，并能说出其他类似的成语。 5.了解引用人物所说的话可以有3种不同的形式，并仿照其中一种形式写句子。 6.朗读、背诵与团结合作有关的俗语。

（二）学生的发现——明确学习目标

由于学生受到自身认知和心智发展水平的限制，在学习的过程中大部分学生没有明确的学习目标。因此，教师在教学的过程中应当积极加强学生学习目标的引导。学习目标是学生在学习本单元过程中的指导，决定了学生学习的方向。因此，明确学习目标对于学生来说至关重要。

教师应通过以下两种方法对学生的学习目标进行明确：

第一，让学生通过阅读导言、学习提示来明确本单元的学习目标。在以往教学中，一些教师往往会混淆教学目标和学习目标。但两者的主体是不同的，教学目标是针对教师而言的，具备一定的抽象性和综合性，而学习目标是针对学生而言的，应当更加具体。教师要将学生的学习目标转化为学生能够理解的语言，将学习目标具体化、简单化，以便学生在学习过程中把握。这样能够让学生更容易明确本单元所要学习的内容，并在单元学习过程中获得语文能力的提升。

例如，本单元的学习目标可以表述为：①认真阅读课文，并在阅读过程中预测故事的走向；②在阅读课文的过程中，把握本文的关键句和重点句；③根据课文的故事情节续写一个合情合理的结尾。

第二，根据学生的差异明确本单元的学习目标。在实际教学过程中，教师不难发现大部分学生的学习能力、学习兴趣和基础知识都是不尽相同的，因此在明确学习目标的过程中应当根据学生存在的差异性进行引导，让学生的学习目标能够逐渐地适应学生的实际情况。这样才能够让学习目标具备针对性和普遍性，从根本上提升学生的阅读能力。

教师在教学时可以将学习目标分成三个层次：第一层次，能够流畅阅读文章，理清文章脉络；第二层次，能够根据文章情节进行合理预测；第三层次，能够将预测能力融入写作过程中，让自身的作文更加符合逻辑。然后，教师要根据学生的学习基础为其确定适合自己的学习目标，以此实现学生个性化、差异化发展。

二、习得：循序渐进的过程

三年级上册第四单元是预测阅读策略单元，"预测"是整个小学阶段学生接触到的第一个阅读策略。从认知角度来讲，知识可分为陈述性知识、程序性知识和策略性知识三大类。其中，策略性知识是特殊的程序性知识，是控制认知加工过程的程序性知识。纵观本单元教学内容可以发现，其中收录的文章体现了一个循序渐进的过程。《总也倒不了的老屋》包含大量助学系统，能够激活学生的元认知，启发学生的预测意识；《胡萝卜先生的长胡子》要求学生能够根据已有情节进行故事的续编，起到练习的作用，根据学生不同的预测方向，增大策略的练习反应强度，使学生初步形成预测的思路和思维模式，再将学生的阅读能力和写作能力整合到一起；《小狗学叫》可以预测多种不同的结局，增添了策略习得过程中的反应方式，强调预测过程中操作技能的运用，让学生在预测不同结局的过程中认识"童话"真善美的特点，学会审美，树立正确的价值观。因此，教师在教学过程中应当积极地根据本单元的课文进行循序渐进的教学，让"预测"这一策略从方法到实践，最后实现学生思维能力与审美情趣的同步提升。策略性知识的习得过程如图1所示。

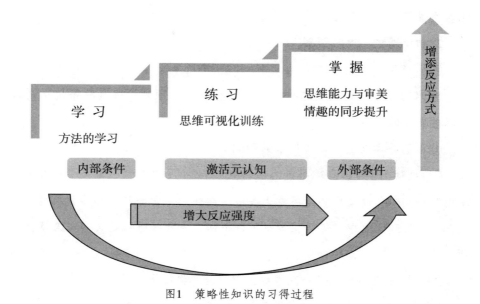

图1　策略性知识的习得过程

（一）学习——预测方法的学习，锻炼预测能力

《总也倒不了的老屋》作为一篇童话故事，篇幅较长，但语言浅显易懂，非常适合锻炼学生的预测阅读能力。文章中的角色众多，而每个学生的理解角度也是不尽相同的，因此教师在教学过程中可以让学生分组讨论自己对课文的理解。这样不仅能够活跃课堂氛围，更能让学生在阅读的过程中读出自己的情感，读出自己的个性。

1.情境导入，激活课堂

（1）同学们见过老房子吗？你见过最老的房子是什么样子的呢？

（让学生自由交谈，可以列举年代久远的古老建筑，也可以是学生老家的老房子，并且让学生描述一下老房子是什么样子的。）

（2）通过多媒体展示不同老房子的图片。

（引出每一个老房子都拥有其独特的故事这一主题。）

（3）在学生讨论完老房子后，引出课文。

（我们今天要学习《总也倒不了的老屋》一课，看看这座倒不了的老屋能够为我们带来什么有趣的故事。）

2. 初读课文，简单预测

（1）让学生初读课文。

同学们可以一边阅读课文，一边进行故事的预测，顺着故事情节去猜想以后发生的事情。

（2）引导学生进行课文情节的预测。

（学生预测示例：预测一，这个老屋为什么总也倒不了，它是被施加了魔法吗？预测二，课文中的老屋看上去很"慈祥"，它会答应那些要求吗？预测三，一读到课文中"等等，老屋"这句话，我就知道一定又有人来请老屋帮忙了。）

（3）让学生明确地说一说这些预测都是怎样得出来的。

（文章的题目、插图、内容线索都可以帮助我们进行故事情节的预测。）

3. 分段阅读，找准关键

（1）阅读一、二自然段，你能够想象出老屋是什么样的吗？文中哪些语句描述了老屋的样子？

（2）阅读课文，你能说说老屋怎么帮助了小猫，怎么帮助了老母鸡吗？

（3）老屋怎么帮助了小蜘蛛？小蜘蛛会给老屋讲一个什么样的故事呢？

4. 总结全文，形成能力

（1）学习了课文之后，你觉得老屋为什么不会倒下，这体现出了老屋什么样的品质？

（2）你喜欢这座老屋吗？为什么？

（让学生根据自己对课文的理解自由地组织语言表达自己的想法。）

（3）你觉得老屋之后还会发生什么样的故事？结局是怎样的？

（让学生主动地写出自己的故事。）

本课的教学大体可以分为以下三个步骤：首先，让学生在初读过程中一边读一边预测，激发学生的想象力；其次，在学生预测时让学生说一说是根据什么来预测故事情节的，总结预测的基本方法；最后，通过课文的细讲、细读和学生自我的写作训练，让学生的预测阅读能力更上一个台阶。这种阅读能力的培养过程不仅循序渐进，更能让学生养成良好的阅读习惯，使学生能将其迁移到课外阅读中去。

（二）练习——思维可视化的练习，激发习作热情

童话故事是最能够激发学生想象力的阅读素材，学生在阅读故事的过程中总会发散自身的思维，因此教师在进行教学时可以进一步锻炼学生的阅读写作能力，让学生将自身天马行空的想象力穿插于课文阅读中来预测故事的发展，并且能够根据自己的想法来进行故事的续写。教师围绕预测阅读这一主线引导学生开展想象、交流分享，并且把故事续写完成，能真正地激发学生的写作热情。

板块一

通过多媒体展示课文中的插图，然后创设情境："有一天，胡萝卜先生匆匆忙忙地刮了胡子，就吃着果酱面包上街去了。由于胡萝卜先生近视，没有发现自己漏刮了一根胡子。在胡萝卜先生吃果酱面包的时候，那根胡子吃到了果酱，对于胡子来说，果酱是很好的营养品呀。"接下来会发生什么事呢？同学们能够大胆地进行猜想吗？

（学生在精读课文、学会预测方法的基础上，大胆预测故事结尾。）

板块二

教师讲故事："在很远的街口，有个小男孩正在放风筝，但是线实在太短了，他的风筝才刚刚飞过屋顶。"你们知道胡萝卜先生的胡子能派上什么用场了吗？

（将结尾用思维导图分类呈现，大多数学生写的是胡子越长越长，帮助了更多小动物，少数学生写的是胡子不长了，故事结束了。通过思维导图，学生发现预测可以有不同的思路。）

板块三

教师通过多媒体出示原文结尾，让学生对比发现童话故事中真善美的内涵，提升学生的审美能力，激发学生的习作热情。

（让学生自由发言，进行故事讨论。）

教师在本课教学时首先引导学生整体感知课文内容，然后通过几个板块进行情境的渲染来激活学生的想象力；通过故事情境、故事图片和句式续写把学生的想象转变成语言文字，让学生对比自己的想象和故事之间的异同。在这一过程中，学生能够领略阅读的乐趣，既激发了阅读兴趣，又锻炼了写作能力。

（三）掌握——预测不同结局，提升价值引领

《小狗学叫》这篇课文为学生展示了三种不同的结局，这三种不同的结局暗示了不同的人生态度就会形成不同的人生之路。简单的故事情节不仅能够给予学生成长的启示，更能让学生的写作、阅读思路得到拓展。教师在教学过程中可以通过问题引导学生主动走进课文，使学生在阅读的过程中领悟文章中蕴含的道理，张扬个性。

1. 讨论结局，发掘内涵

（1）在读完课文后，我们可以看出文章中的小狗是有尊严的，他有自己追求的目标，我们都希望他有一个美好的结局。作者为他设计了三种不同的结局，能说说你比较喜欢哪种结局吗？为什么呢？

（在阅读的过程中，启发学生细细品读每种结局的末尾句。）

（2）让学生进行结局的讨论。

（为学生介绍作者的选择，让学生说一说自己是否认同作者的这种选择。）

2. 联想续写，拓展思路

在学习完课文之后，你能够为课文加上第四种结局吗？最好能够像作者一样在文中有一个关键句来体现自己的态度和观点。

本课的教学目标是让学生在理解课文的基础上融入自身的感悟，通过教师的讲解深入分析课文的同时引发学生的情感共鸣，激发学生为文章续写结局的欲望。这种不同结局的续写也能够进一步启发学生的写作思路，让学生在写作时不局限于一种表达思维。

三、运用：形成语文学习的生态圈

语文学习生态圈是以阅读和写作为基础的，在这一生态圈内，每一个学生都能够自由、全面、主动地发展自身的写作和阅读能力，并且交流分享，获得自身语文学习能力最大限度的提高。语文既是工具，又是思想文化的重要载体。因此，教师可以通过写作的形式，唤醒学生内心深处的表达欲望，在语文教学的过程中引导学生经历"发现—习得—运用"的过程，培养学生的语用能力，实现学生思维能力与审美情趣的同步提升。语文学习生态圈如图2所示。

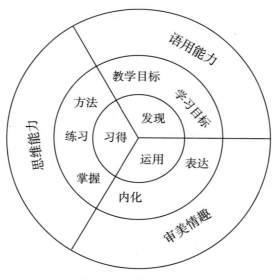

图2　语文学习生态圈

教师在进行习作教学时，首先应让学生进行分工合作，阅读本单元自己喜欢的课文，收集自己印象深刻的片段；然后，让学生说一说本单元自己的学习收获；最后，让学生根据本次习作主题"我来续编故事"进行故事的编写，编写完之后让学生与同桌互相交流、互相修改，积累写作素材。

小学语文教材与学生的实际生活是息息相关的。在教学过程中，教师应当积极发掘教材的内涵，真正理解教材的主要教学目的，结合教学目标进行教学，这不仅能够促进学生核心素养的提升，也能够让教师的课堂教学事半功倍。阅读写作生态圈的构建能够让学生的能力从阅读迁移到写作，让学生将在阅读过程中学会的表达手法和表现方式都运用到实际写作中，这对学生语文学习能力的提高是极大的促进。

（本文于2020年6月发表在《中国教师》上）

关联阅读策略与习作的生态教学模式

当前，语文课堂的学习目标和内容都发生了巨大的变化。教师应当积极结合学生的语文实际，让学生能够学以致用，突出学生在课堂学习过程中的探究性，在注重语文课内外联系的同时让语文学习生态圈成为学生学习的"舒适圈"。阅读策略是学生阅读能力的重要内容之一，在教学过程中，教师应当积极进行阅读能力向写作教学的迁移，真正实现让学生在阅读过程中学习写作技巧，在写作过程中提升阅读能力的教学目的。

一、贯彻阅读策略，驱动习作教学的意义

1. 拓展教学深度，寻找读写结合切入点

在部编版小学语文三年级上册第四单元中，我们可以明显看出教材对阅读策略教学的重视程度。教师在教学过程中应当积极寻找阅读策略和习作教学结合的切入点，依据教材内容进行习作教学。这不仅能够让小学语文教学符合素质教育的教学要求，让读写教学模式变得更加科学和缜密，而且能丰富教师的写作教学内容，有助于引导学生进行全新的读写结合的学习。

在本单元教学中，教师可以根据教材内容逐层深入地引导学生提升写

13

作能力。教师通过教授《总也倒不了的老屋》，可以让学生形成预测阅读的意识；通过教授《胡萝卜先生的长胡子》，可以引导学生尝试将预测阅读融入自身的写作过程；通过教授《小狗学叫》，可以锻炼学生的写作能力。教师在实际教学过程中寻找阅读策略和习作教学结合的切入点，不仅能够使学生对教材、课文内容理解得更加透彻，也能发挥学生的主动性，驱动学生写作能力的发展。

2. 创新阅读形式，驱动学生语用能力的提高

学生语用能力是小学语文核心素养的重要内容之一，因此教师在教学过程中应当积极创新阅读教学形式，驱动学生语用能力的不断提升。传统的小学语文课堂教学模式已经很难将教材所表达的观点和教学策略很好地渗透给学生，因此教师在实际教学时应当根据教材的选题和教学内容进行阅读形式的创新，这样既能够达成教学目标，引导学生学习，又能够驱动学生语用能力的提高。

笔者在教学过程中就非常注重习作练习和本单元主题的一致性，鼓励学生进行写作练习，即使学生在习作过程中出现表达错误，也只是稍稍纠正，而不是进行批评，让学生通过阅读形式的创新掌握写作规律，给予学生充分的协作空间，将教材的人文性和工具性全面发挥出来，促进学生语用能力的提升。

3. 落实语文要素，让学生树立积极的价值观

在学生语文素养培养的过程中，教师应当立足于生态课堂。在本单元教学中，阅读策略是贯穿始终的教学脉络，因此教师不应当仅仅注重单一阅读能力的培养，而应当将阅读和写作联系起来，为学生构建语文生态学习模式。

在教学过程中，笔者坚持以学生个性化发展为基础，根据教材内容培养学生积极的价值观。笔者还通过课外内容开阔学生的视野，让学生自主探索教材主题，锻炼学生的学习能力，将学生阅读能力和写作能力的培养相结合。在引导学生习作的过程中，笔者将本单元主题展示给学生，这样学生就能够带着目标进行习作。在学生阅读写作之后，笔者让学生进行分组讨论，这不仅进一步加深了学生对本单元主题的印象，更能够培养学生良好的价值观，驱动语文的人文性在课堂上的发挥。

二、阅读策略驱动习作教学的生态教学模式的构建

1. 构建内心生态，进行初步阅读仿写

在语文教学过程中，教师应当逐渐从对学生的整体感知转向对学生的个体把握，通过制订针对性的教学计划来引导学生差异化、个性化的发展，在学生内心构建起独属于其自身的生态圈，唤醒学生的学习主动性。

例如，在《总也倒不了的老屋》的教学过程中，笔者立足于课文的情节发展来引导学生构建自身的生态圈。笔者让学生将自己的预测和课文后续的情节发展进行比较，通过这样的比较让学生了解为什么课文的情节会这样发展，为什么自己的预测和课文会有所偏离。这样的反思能让学生在进行自省的同时，抓住文章的关键词，丰富对预测阅读能力的理解和认知。笔者还从故事细节出发，让学生结合自身的生活经验和阅读经验进行预测，将语文知识和实际生活联系到一起，驱动学生积极自主地学习。同时，在教学过程中，笔者逐渐加入写作引导，让学生进行阅读预测的仿写。

2. 构建班级生态，进行深度读写锻炼

教师应在班级内部构建一个和谐积极的班级生态圈，让每个学生在这样的生态圈中积极地进行语文学习。语文课堂逐渐从传统课堂的教师主宰向教师引导转变，教师应当充分尊重学生的主体地位。构建主义理论认为，良好的学习环境有助于学生探究能力的提高，因此构建完善的班级生态可以引导学生互相交流、互相配合、互相合作，实现共同进步。

例如，在《胡萝卜先生的长胡子》的教学过程中，首先，笔者将学

生分组，让学生阅读文章，根据文章的情节预测接下来可能发生的故事，并说出自己的理由。学生在交流后对故事做出了以下几种预测：①这根胡子在得到果酱的营养之后，长得比其他胡子快。②文中说"对一根胡子来说，果酱是多么好的营养品啊"，所以胡子会长得更粗更长。③胡子可能不太喜欢果酱，所以这根胡子不会再长了。这样的小组探究和生态构建能够让语文课堂更富感染力，也能让学生产生情感上的共鸣，进而更加积极地参与语文教学活动。然后，笔者让学生进行课本故事读写结合训练，促进学生语用能力的发展。

3. 构建语文生态，进行多元读写练习

小学语文课文是与学生生活息息相关的，因此教师可以通过语文生态的构建打通语文和生活之间的联系。构建主义理论认为，学生的学习不应局限于教科书，而应延伸到学生的日常生活中。语文教学更是如此，教师要将学生的阅读思路从课上拓展到课外，为学生构建语文生态，拓展学习的多元化途径。

例如，在学习完《小狗学叫》整节课后，笔者进行了拓展延伸：为学生出示《躲猫猫大王》《夏洛的网》《帽子的秘密》《柔软的阳光》等故事的题目，让学生进行自主预测，并且让学生说一说自己为什么会这么预测。然后，笔者鼓励学生在日常阅读时主动使用阅读预测的方法。这不仅可以为学生的阅读带来更多的好处，还能够让学生对语文学习产生极大的兴趣，加强语文和生活之间的联系，促进语文生态的构建。最后，笔者为学生布置任务，让学生对本单元自己喜欢的文章进行续写，真正拓宽学生的写作途径。

三、结语

在素质教育背景下，学生主动学习、主动探究已经成为语文学习的主要方式，因此教师在教学过程中应当积极构建语文学习生态圈，以驱动学生的学习主动性，真正实现学生语文学习能力的全面发展。

参考文献：

［1］韩雪屏.中国当代阅读理论与阅读教学［M］.成都：四川教育出版社，2000.

［2］王松泉，王相文，韩雪屏.语文课程教学概论［M］.北京：高等教育出版社，2007.

（本文于2020年6月发表在《中国教师》上）

课前阅读

——走向自主语文实践教学模式的思考

著名心理学家皮亚杰曾提出：一切真理要由学生自己获得，而不是简单地传给他。语文学习的最佳途径是学生自主进行语文实践，这样他们对语言的理解才更深，才能更好地掌握理解和运用祖国语言文字的能力。长期以来，在小学语文课堂上，教师过于"强势"，学生长时间以被动的姿态进行学习，主体地位被严重削弱。

课改之初，我们尝试"先学后教"的教学模式来培养学生的自主学习能力。课堂上，我们经常看到这样的做法："用你自己喜欢的方式读书""完成屏幕上的自学提示""读了课文之后你有什么不懂的问题"……这样的做法虽然在一定程度上养成了学生自主学习的习惯，收到了一定的效果，但它的致命问题出在"后教"上。在40分钟的课堂上，"先学"环节往往只有短暂的几分钟，在"后教"的重头戏里，教师很少理会或只是草草梳理一下学生的"先学"成果，然后指挥棒一挥，依然回到"以教为主"的课文讲读里，致使学生自主学习的机会在40分钟的课堂教学中如昙花一现，造成学生自主语文实践能力受到限制。

如何改变课堂"以教为主"的阅读教学现状呢？在小学高段的阅读教学中，笔者尝试在"先学"上做足文章，开展"课前阅读"的实践活动，极大地激发了学生自主学习的兴趣。在不断探索和实践中，笔者摸索出一套基本的阅读教学模式：

课前阅读（整理学习故事）—交流阅读（整理提炼问题）—发现阅读（解决所疑所惑）—细节阅读（品味内化语言）—升华阅读（评价提升）。

在阅读教学模式的具体操作中，教师主要遵循以下原则。

一、以学定教原则

在学习过程中，学生的"问题意识"是学习活动的主线，教师要鼓励学生提出问题，选择感兴趣的教学内容，做到"以学定教"。教师在课堂上要注意及时调整和补充，引领学生不断地发现新问题，走向更广阔的语文学习天地，使学习活动具有整体性，因为教学任务的完成应是完整的、全面的，不能一味"剑走偏锋"，在教学上有所偏废。

二、教学相长原则

教师要让学生有更多的时间接触文本，充分地进行课前阅读，带着自己的收获走进课堂，在课堂上形成阅读交流过程中的动态信息互动。师生通过这种信息互动，相互沟通，相互影响，相互补充，从而使全体学生共同参与到学习中，把传统模式中教师是课堂上唯一的知识传授点变为全体学生都是学习的增长点。

三、反馈调节原则

在整个阅读教学模式的操作过程中，教师要及时从学生的活动中反馈调节，以便及时了解每个环节的深度和广度，及时有效地调节和控制教学活动的开展，达到提高教学效率和教学质量的目的。

四、发展性评价原则

在学习活动中，教师要鼓励更多的学生参与到实践中来，因此对学生的评价要具有鼓励性，教师要用长远的眼光去看待学生的进步和学生能力的发展，让学生有信心参与其中，并能在教师评价的引导下不断进步。

下面，笔者对"课前阅读走向自主学习实践"的课堂教学模式的操作流程进行具体阐述。

1. 课前阅读，整理学习故事

诺贝尔文学奖获得者莫言曾说过："我只是一个讲故事的人。"让学生试着把自己的学习过程用故事的形式讲述出来，是培养学生发现语言规律、内化运用语言能力的有效途径。笔者主要引导学生从以下三个方面入手进行课前阅读，整理学习故事：

（1）讲述文本中汉字、词语方面的学习过程

为提升课堂教学效率，避免教师在课堂上重复讲授学生已学会的知识，在汉字、词语方面，教师可以让学生在预习中以表格的形式，整理课前阅读中统计出的形近字、多音字、同音字等，并把自己的记忆方法以说文解字的方式与同学分享，以便教师真实地掌握学生的学习过程。

（2）整理从课外资源收集的故事

教师要让学生以故事的形式汇报自己在课外资源上所下的功夫和收获，引导学生学会多方查找相关资料提升搜集信息、组织信息的能力，如作者简介、文章写作背景、相关主题资料的搜集等。

（3）感悟、理解文本过程的故事

教师要让学生用自己的语文知识概括文章内容以及对文章初读的感受，给学生抒发的平台。从概括全文大意到读后体会，全都离不开学生对文本的阅读研究。学生在理解体会文章的同时会产生问题，于是课前阅读的过程完整地呈现了课前自主学习的全过程。它不等同于简单的课前预习

作业，而是以"探究意识"为中心的"自主学习习惯养成训练"。

2. 交流阅读，整理提炼问题

（1）在课堂上，教师要给学生时间交流自己课前阅读的学习故事。在交流过程中，学生运用自己已有的语文知识和能力，掌握一些比较简单的学习内容，变课堂教学中只有教师一个知识传授点为每一个学生都是学习增长点。比如，在交流AABB式词语积累的过程中，学生把自己的联想式记忆法以故事的形式向大家汇报，比教师的讲授更贴近学生实际，更符合学生的年龄特点，达到事半功倍的学习效果。

学生把自己搜集的资源在课上进行交流，为更好地理解课文打下基础。例如，在《姥姥的剪纸》一课中，学生带来了剪纸作品的图片，交流了中原地区的剪纸风俗，加深了对民俗文化的认识，拉近了与课文的距离，更容易与作者产生共鸣。

（2）教师要给学生留出时间，让学生交流自己在课前阅读中的困惑，整理汇总，提炼中心问题。

教师要对学生在文章阅读中的质疑进行及时归纳、点拨，最终提炼出突破教学重点的有效问题。

例如，在《二泉映月》一课中，最终大多数学生的问题集中在以下几个：为什么阿炳再一次来到二泉就听到了许多奇妙的声音？师父怎么会知道阿炳长大后就能听到这些声音？阿炳到底遭遇了什么导致双目失明？这些问题或是学生在自主阅读中产生的质疑、困惑，或是他们因对文中主人公发自内心的关切而产生的疑问。此时，课堂变成了学生学习的阵地，而不再只是以教师的意愿而为之。在此过程中，教师要善于抓住问题的关键，做有效的整合，帮助学生把探索引向深入。这就对教学提出了更高的要求，也就是说，教师不能完全靠教学预设，要充分细读文本，研读学生，对教学目标有透彻的理解，只有这样才能在课堂上根据学生的质疑，进行张弛有度的引导。

3. 发现阅读，解决所疑所惑

对于学生提炼出的重点问题，教师要及时引导学生再次回到文本，让学生用发现的眼光去阅读文本，解决心中所惑。教师可选择恰当的教学手段：或让学生细读文本找到依据；或让学生相互启发，教师适度点拨；或运用多媒体直观演示；或通过资料介入走进作者内心；或启发想象触动学生情感之弦。总之，教师要和学生共同经历发现的过程，引导学生体会发现的喜悦。

例如，《二泉映月》一课中，针对学生质疑的几个问题，教师可以先让学生同伴之间交流，相机点拨：阿炳两次来二泉听到了不一样的声音，是二泉的水声变了吗？随后，以课外资料介入，让学生阅读阿炳生平，了解他双目失明后曾经在无锡居民的眼中消失了十年，没人知道他的去向，让学生想象这十年中，阿炳遇到了什么，他的日子是怎样过的，让学生认识到阿炳苦难的一生、坎坷的经历使得他的心境发生了巨大的变化，更为深入地理解文本，走近人物，学习语言。

4. 细节阅读，品味内化语言

细节阅读是整个操作流程的重点，是领悟作者的言语表达、体会作者的表达方式、内化语言的重要途径。

（1）读在语言特色之处

在许多课文中，对于作者遣词造句的精妙，学生无法在课前阅读中全部体会到，需要教师在课堂上带领学生细读品味，提升学生品读文字的能力。

例如，在《梦圆飞天》一课，学生在课前阅读中能交流自己感受到的火箭发射过程中那扣人心弦的气氛以及发射成功后那大漠震颤的气势，这时教师及时点拨学生找出哪些语句带给他们这样的感受，引导学生发现"十、九、八、七……"倒计时过程中那扣人心弦的写法，并让学生试着用短句的表达方式，仿写一段比赛，体会作者用词的精妙，达到语言迁移内化的目的。

（2）读在文眼之处

例如，《祖父的园子》上课伊始，教师可以让学生按自己的理解读课题。学生学完全文后，教师把学生引到课题上来，提问"现在你如何理解这个题目？该怎么朗读课题？"在品味了全文浓浓的亲情之后，学生豁然开朗，对文本有了进一步的认识，这时学生突出了园子，它记录了我和祖父之间的点点滴滴，是我儿时快乐时光的见证……

（3）读在资料介入之处

课外资料的介入是一种很好的学习方法，可以拉近学生与作者之间的距离，让学生对文本产生更深层次的认知、理解。课堂上，教师经常在资料介入处引领学生细读，会让学生在课前阅读中主动地把课外资料收集和解读文体联系起来，对培养学生的阅读能力有很大的帮助。

例如，在《晓出净慈寺送林子方》一诗的教学中，在学生体会了诗文优美的画面美感之后，教师引发学生思考：本诗主题是"送林子方"，可为什么诗文中没有读出送别的场面呢？然后把课外资源给学生阅读。本诗实际上是杨万里挽留林子方的一首诗，作者用诗文暗喻了在皇帝身边为官才会大有前途。这时，教师再让学生谈一谈如何理解诗文中"接天""映日""别样红"几个词语，让学生读出诗文背后的意思，感受作者暗喻之精妙，体会诗文的魅力。

5. 升华阅读，评价提升

在课前阅读、交流阅读、发现阅读、细节阅读之后，教师要引导学生回顾自己学习的全过程，学习理性地分析、反思、总结自己的学习情况，如课前与课后学习体会有何不同？我还想进一步学习什么？哪些学习方法需要改进？学生可以结合各自的学习情况，选择自己最关注的一点进行汇报交流，借助集体智慧的碰撞，发挥主观能动性，进行内省提升。

　　教学活动是一个动态的、不断变化的过程，笔者将继续探索，让语文课堂真正走向学生自主学习实践，使学生在自学、自悟、自得、自省的语言实践活动中，习得运用祖国语言文字的能力，激发学生的学习热情，体现学生探索真知的过程。

站在更高维度反思教育

从空间的概念上讲，站在高维度看向低维度能清晰地了解更多细节。阅读《反思教育：向"全球共同利益"的理念转变？》一书，就犹如站在一个更高的维度来看待教育，能让我们观测并反思教育的更多问题。

本书的封面描绘了不同肤色、不同职业、不同民族的人共同生活在一棵枝繁叶茂的大树上。不同的人群从大树的根系通过长长的主干，奔赴茂密的枝叶，而教育无疑是这棵大树最重要的主干。

一、重新审视教育的目的

在全球一体化的今天，最为重要的是保护这颗星球上的生物多样性以及民族多样性。如何共同维护这颗星球的生态系统？如何让众多民族能够和谐生态地共同发展？如何关注贫苦地区妇女儿童的生存权益？教育是一条人类共同谋划、共同认知的路径。

教育自古有之。在东方伟大的教育家孔子和西方哲学之父苏格拉底出现之前，人类社会就已经诞生了教育。那个时候人类教育的主要目的在于教会幼子学会生存、学会技能。随着文明的诞生，以孔子和苏格拉底为代表的思想家、哲学家、教育家，分别在东西方对人们的思想进行了开蒙。

教育在学会生存之上，增加了更重要的一个维度——学会思考。之后，中国隋唐的科举制度又赋予了教育一个新的目的——人才选拔，使得平民可以参与国家政治制度的制定，实现了阶级的流通。

从有文字记载以来，教育基本的意义和功能没有发生重大变化。今天随着全球经济一体化进程的加快，我们发现民族、宗教并不宽容。在此种情况下，联合国清晰地认识到"知识和教育是人类共同的利益"，提出了教育的四大支柱，即学会求知、学会做事、学会做人和学会共处。

中华人民共和国成立以来，教育事业得到了蓬勃的发展，特别是基础教育，在改革开放之后的短短40多年间发展迅速，全国小学一年级入学率已达到100%。不管是在城市社区还是在边远山区的儿童都已经能够免费、免试、全覆盖入学。然而，这并不代表义务教育的发展实现了均衡，城乡之间教育水平的差异以及部分学校过度追逐分数的问题成为新的矛盾。

重新定义学校教育的目的势在必行。今天"双减"政策的落地，标志着学校教育不应以提高分数和升学率作为唯一目标和宗旨，而应该结合联合国提出的教育的四大支柱，把学生先培养成人，再培养成才。

二、重新建构学校的课程

我们应该把教育的目的确定为培养具有终身学习能力的人，但我们是否有与之相匹配的课程呢？课程就好比培养人才的一条路径、一条跑道，没有一条方向正确的路径、跑道谈何育人？

今天，多数学校课程依然以知识本位来开展，评价手段依然是考试分数，缺少学习中的合作交流和项目化的共同学习。

例如，在小学五年级的习作教学中，有关撰写《学校绿化调查报告》一课，传统的教学方式是由教师讲授调查报告的撰写内容，即调查目的、调查内容、调查结论等模块。而以项目化推进的教学，则是将学生分组，再让学生有组织地在校园内进行绿化情况的实地调查。通过实地调查，学生发现了其中的问题，即小学部的果树较少，初中部的果树较多；学校领导办公室的门外绿化做得较好，普通教室和教师办公室门前则鲜有盆栽。

根据发现的这两个问题，教师组织学生进行分析讨论，并引导学生提出合理化建议。通过讨论得出如下结论：一是因为小学生活泼好动乱摘果子，所以学校更多地将果树移栽至初中部；二是学校楼道内的盆栽摆放过于集中在三楼，应根据楼内平面图进行完善。

基于上述结论，学生给出合理化建议：一是在小学部张贴倡议书，请同学们爱护学校绿化，并将果树包产到班，成立护果树小分队，并建议学校将部分果树移栽至小学部；二是精确测算学校楼道内有多少个垃圾桶，并将绿化盆栽放在垃圾桶旁边，这样可以起到美化环境的作用，使整个楼内绿化布局更加公平，更加均衡。

这样的课程打破了常规的教学流程，以项目化合作方式来推进，可以综合地提升学生的写作、表达、交际、思考等多方面的能力，并且能够使学生在这一过程中形成完整的调研思维方式。

三、重新定义学习的内涵

学习是教育的核心，所以我们在重新定义学习内涵的时候，应该重视这样几个问题：何时是学习的最好时机？学习需要经历一个怎样的过程？

以语言课程为例，学习语言的最好时机就是儿童期。儿童显然对语言有更高的学习天分，那么怎样进行语言教学，特别是母语类的教学，才是更为合适的呢？笔者认为母语学习的过程应该是儿童自主发现、习得、运用的建构过程。

在教学中，我们应该通过课文这一范例，带领学生发现语言规律，并在实际运用中习得这一规律，即最终通过口语表达或书面表达的形式加以运用，完成母语学习建构过程的闭环。

世界在变，教育也应该改变。但是，在数百年间我们的课堂教学模式依然是班级授课制，我们的教学方式依然是最简单的讲授式，在今天这个全球信息爆炸的时代，教育已经显现出陈旧之态。然而我们在呼吁教育创新的同时，不应该将原来的教育完全抹杀甚至全盘否定，而应站在人类共同利益的基础上反思并建构新的学习方式，让今天的教育成为人类生态巨树上那根强而有力的主干，引导人类健康的未来生长走向。

做儿童阅读路上的引路人

今天，阅读的重要性已经越来越得到人们的认同。随着我国国民素质的不断提高，人们不再简单地追求物质上的满足，而是更加重视阅读对性格品格的塑造以及对精神的影响。

儿童正处在人生观和价值观的形成阶段，阅读对儿童成长的影响尤为深远，做儿童阅读路上的引路人是每一位语文老师的必修课。

我认为要想做好儿童阅读路上的引路人，需要做到以下几个方面。

一、选好读物，为儿童生命打下亮丽的底色

今天的阅读推广关注这样两个问题：一是学生每年阅读量要达到多少字的量化评价，二是怎样进行阅读的课堂指导。

实际上，儿童读物的选择是非常重要的，它的核心指向是应该给孩子们读什么的问题。当前市面上充斥着的大量儿童读物让人眼花缭乱，许多语文老师都没办法对这些读物进行深入的了解，更何况家长了。他们往往盲从于网络上流传的一些书单，迷信于一些名师的推荐。

我曾经抽出时间，专门就一二年级的热门推荐书目进行了阅读分析，发现有一些书还是很好的，这些书内容积极健康，给孩子一种从善从美的

引导。比如，在统编教材二年级上册"快乐读书吧"里推荐的书目《孤独的小螃蟹》特别贴近儿童的生活，故事的主人公小螃蟹，会因为朋友的离开而难过。为了不打扰邻居，他自己一个人躲在远远的地方敲鼓。但是在朋友遇到危险时，他会毫不犹豫地冲上去相救，甚至不惜折断自己的大钳子。这样的小螃蟹，会让儿童在阅读中经历会心一笑的甜蜜、热泪盈眶的感动。一个真善美的故事是可以为孩子的生命打下亮丽的底色的。

反观这个年龄段的儿童文学作品，内容相对晦涩，特别是一些外国译本，由于文化差异，儿童阅读起来难度较大。北京大学教授曹文轩先生曾说："儿童文学应以儿童喜爱为第一要义。喜爱是前提。如果离开阅读兴趣来谈论其他，几乎是没有意义的。"同时，儿童读物的核心必须是健康、向上的，因为儿童的人生观和价值观正在形成阶段，儿童读物应该用真善美为儿童的生命打下亮丽的底色。

二、方法得当，为儿童插上阅读的翅膀

有研究表明，一个卓越的阅读者约等于阅读量加上恰当的阅读方法和策略。在引导儿童阅读时，我们不但要保证阅读内容的健康和阅读量的积累，更要恰当地运用导读课，教会儿童适当的阅读方法。

统编版小学语文教材从三年级开始每学年安排了一个阅读策略单元，共四个策略，分别是学会预测、学会提问、有一定的阅读速度、有目的地阅读。这几个策略从阅读兴趣入手，直到培养儿童有目的地阅读，对儿童的阅读能力进行有体系、有目标的培养。

在教学中，我们要认真分析这部分教材的单元编写，明晰单元目标，将单元中的精读课作为范例让儿童学会阅读策略。比如，在进行三年级精读课《总也倒不了的老屋》一课的教学时，我们要善于利用教材上的助学系统，让孩子感知到预测是非常好的阅读方法，可以让我们的阅读变得更有趣，更有参与感。教师可以引导儿童尝试结合题目、插图进行预测，也

可以尝试结合自己的生活经验、阅读经验进行预测。

教材中的略读课则是一个实战基地。我们要让儿童把在精读课中学到的阅读策略进行实践运用。同样是在三年级的预测单元，在略读课文《胡萝卜先生的长胡子》的过程中，我们大胆放手让儿童进行实战，鼓励儿童运用精读课上学到的策略大胆地预测故事的走向，也可以预测故事的结局。最后我们利用思维导图，对儿童的预测进行了整理分类，并与原文结尾进行了比较。这里必须提出的一点是，为保证儿童阅读的兴趣，对他们的预测内容不要进行过度的批评和指责，要让他们知道，只要有理有据地进行预测即可。

三、广泛涉猎，方能厚积而薄发

儿童文学类的阅读对儿童的成长是一种滋养，但在阅读中只有文学类是远远不够的。当今时代是一个信息爆炸的时代，我们必须让儿童从小学会广泛阅读、信息化阅读，拥有处理信息的能力。我校专门开设了博物馆阅读课程。通过带领儿童参观云南省博物馆，儿童对云南省原生的各类矿石、化石产生了极大的兴趣。我们就此有针对性地指导儿童阅读博物类书籍。我校是校园科普驿站的试点，在科学课上，教师引领儿童通过登录校园驿站，进行网络信息化的科普知识阅读。通过这些活动的开展，儿童不仅学会了查阅资料，而且在查阅的过程中学会了甄选自己需要的信息。

阅读对生命的滋养至关重要，我们应该在儿童成长的道路上为他们搭建阅读平台，激发他们的阅读兴趣，培养他们的阅读习惯，让阅读为儿童的成长插上美丽的翅膀。

呵护童心，面向未来

西南大学李静教授在"儿童是谁？教育在哪里？"的讲座中提到，做教育首先要清楚儿童是谁，认清儿童身上的特质后，再来思考教育的目的，这样才能到达教育的彼岸。

回顾20多年的教学生涯，我每天都在与小学阶段的儿童打交道。他们身上有许多特质让我感动，他们金子般的童心令人珍视，他们更有许多奇思妙想令人拍案叫绝。我们确实应该在教育教学的过程中，认真梳理儿童的故事，用发现的眼光看待儿童，不要武断地把儿童的世界当作成人世界的缩影，更不要错误地认为儿童的世界就是一张白纸，毫无经验可言。

一、发现儿童的博爱

记得那是2019年的9月8日，教师节前夕，我新接手了一个一年级班级，轮到我进行午餐管理，我打起了十二分的精神，严阵以待。开餐前，我像战前动员讲话般地强调"不要浪费、好好排队"。效果是明显的，孩子们静静地、专心地吃着。到了收拾餐具的环节，这标志着用餐已近尾声。突然，一个小男生跑上讲台，小手拉住我的手，急切地打断仍在喋喋不休的我："老师，什么时候吃饭？"我一下懵了，心想：这不是刚吃完吗？但我还是和颜悦色地问他："你是不是想吃水果了？老师一会儿就发。"男孩听了我的安慰更着急了，一张小脸都拧在了一起，一字一顿地问我："老师，什么时候吃饭？！"我也忍不住了，反问道："你不是刚刚吃完吗？"男孩用力地拉了拉我的手，又用手指了指我说："老师，我是问你什么时候吃饭，你还没吃饭。"

我认真地端详着这张因担心我饿肚子而急得通红的小脸，俯下身子告诉他："老师已经吃过了，谢谢你。"然后，我看着他如释重负般地笑着跑出去玩，心里一时百感交集。已经多久没有人如此担心我吃没吃饭，如此焦急，如此直白，又如此真情。

于是，2019年的9月，在第36个教师节来临之际，我收到了最宝贵的一份礼物——一颗金子般的童心，一份最纯真的关切，一种无以言表的骄傲与自豪。

这就是儿童身上的博爱，它无关地位，无关职业，无关阶级，无关年龄。教育者的幸福在于时时刻刻能够感受到这份博爱的关怀，教育者的使命在于守护这份纯真的博爱。

二、发现儿童的智慧

在一节数学公开课上，老师带领孩子们学习8的乘法口诀。因为有了前面乘法口诀的铺垫，老师放手让孩子们进行合作探究学习。孩子们通过摆一摆、说一说的方式，很快得到了8的乘法口诀。

然而，到了实际运用环节，意外出现了，孩子们对8的乘法口诀掌握得并没有想象中那么好。许多孩子通过摆一摆、说一说是可以推演出口诀的，可是计算时他们却无法快速地说出结果。课堂变得前半节热闹，而后半节倦怠。

这时，一个小男孩自告奋勇地站起来说："我有办法可以快速记住8的乘法口诀，你们观察这些得数，每一个都少了2。"这个孩子的发言被老师敏锐地捕捉到了。老师及时在课堂上进行了调整，引导孩子们观察口诀中每一个得数之间的关系。孩子们很快发现，因为每次都多加了一个8，所以得数的个位依次递减2。老师又让孩子们讨论为什么得数的个位会有这样的结果，孩子们迅速激活了已有知识：乘法与加法之间的关系以及一年级学过的凑十法。孩子们用自己的方式理解了这个问题，经过这样一个课堂小插曲，他们真正明白了乘法是加法的简便运算，不但学会了口诀，而且厘清了算理。

在教学中，我们要善于捕捉儿童的这种学习智慧，以儿童的智慧帮助儿童学习，这样才能使课堂教学达到事半功倍的效果。

三、珍视儿童发现的眼光

在一年级的绘本阅读课上，许多教师过分关注绘本故事背后的情感线，力求在课堂上通过声光电的渲染让孩子们得到情感上的共鸣。这些设计本身是很好的，然而在这些设计的背后，我们过度关注成人的智慧，而忽略了儿童善于发现的眼光。

儿童不是进入一年级才学习阅读的，在幼儿时期他们就学会了用看图画的方式进行阅读。以《逃家小兔》一课为例，对儿童来说，没用什么比一幅幅生动的图画更有吸引力的了。如果我们善于从一开始就引导儿童进行读图，就会在课堂中发现，儿童第一眼是被小兔子各种新奇古怪的造型所吸引的，辅以绘本上的文字介绍，儿童很快能够发现这个故事巧妙的构造方式和发展主线，甚至只看图画就能够讲出这个充满爱的故事。

当看到妈妈背着绳索，穿着厚厚的登山服，手挂着登山镐，艰难地爬到山上去寻找小兔子时，孩子们的共情被点燃了，他们说："我真得批评这只小兔子，他总是逃，妈妈寻找他多辛苦呀……"这是儿童通过自然地读图，在欢笑中、在发现中得到的情感线，远比我们用精美的动画引导、动情的音乐渲染得来的更自然。

让我们始终善待童心、珍视童心，从发现的角度研究儿童，用尊重的心态理解儿童，用欣赏的眼光看待儿童。当我们明白了"儿童是谁？"这个问题后，我们自然会找到教育真正的方向。

从儒家文化看"双减"政策下的
教育教学改变

在深受儒家文化影响的国家，如日本、韩国以及我国，学生的课业负担往往较重。这与儒家的入世文化有较大的关系，特别是这几个国家深受中国一千多年科举制度的影响，"学而优则仕"的想法深入人心，学校、家长乃至整个社会都存在着"万般皆下品，唯有读书高"的潜意识。

"双减"政策的实施是符合社会发展规律、顺应人的生长规律的。但是在"双减"政策推行的过程中，我们发现受到冲击最大的不仅仅是形形色色的学科类培训，还有学校教育本身。

一、"双减"政策下，学校功能的重构

"双减"政策对学校教育的冲击主要因为当下学校育人功能的相对传统。长期以来，我们的学校教育过多地强调对知识的传授，学校成了知识传递的地方。教师在课堂上将教科书上的知识灌输给学生，学生在课堂上接收这些知识，通过考试检验这些知识的掌握情况，并将考试成绩作为评价依据。如此，围绕着"知识本位"的一个教学闭环形成了，并在家长乃至社会中根深蒂固。

于是，学知识成了上学比较重要的一个目的。但是学校却在实际的育人过程中，忽略了这些知识的来源以及形成过程，尤其是忽略了这些知识将来会带给学生的影响。

"双减"政策的实施，促使我们重构学校的功能，让学校成为"以学习为中心"的学习发生地。学校教学的中心不应再围绕让学生学会知识这一单一的目的，而应该以多元化的渠道去检验在学校里是否真正发生了学习的过程。对学习内容的定义也应该是多元的，不应仅仅包含事实性知识的学习，还应包含强健的体魄、推理的能力、缜密的思维以及良好的道德品质。

二、"双减"政策下，教学法的思辨

当学校育人功能发生根本的改变后，我们就必须思考教学法的改变。新课程改革以来，我们从未停止过对教学法的改变：合作探究学习、项目化学习等教学模式的推进都在很大程度上改变着教师的教学方式以及学生的学习方式。

然而，目前许多教师的教学现状是没有深入地对教学法进行研究，训练依然是教师进行知识传授的主要法宝之一。比如，语文课堂上教师布置学生预习，这是一种非常好的学习方式，然而对于预习习惯的养成、预习方法的指导、预习效果的评价，却没有一个科学的规范。面对学生掌握不牢的知识，如背诵，面对学生没有达成的技能，如计算，教师使用最多的方法是提高训练量以达成教学目标。这样的做法短期看固然有效，但长此以往却会磨灭学生对学习的热情。

纵观数百年来，关于教育学的文献不管是夸美纽斯的《大教学论》，还是赫尔巴特的《普通教育学》，奉行的都是从心理学的角度进行教学法的研究。

教学法是一门科学，只有适应学习者的年龄特点、心理特点，以阶段式的方式在课堂中循序渐进地展开教学，才能让学习变得更有效。

三、课堂教学的改变

现在我们可以确定的是"双减"政策背景下必须做出改变的是课堂教学。我们要从思想和意识上认识到学校功能的转变，从理论基础上认清教学法的重要性，以及最终实施的阵地是课堂教学。

在每一节课传授新知识之前，我们至少要科学地对本堂课的新知识有一个科学的评估。学生对前概念知识掌握得如何？新知识哪些部分可以不证自明？学生能自主完成的有哪些部分？这些问题都需要一一梳理。那些新知识衍生出来的变量，则需要学生在教师的引导下，进行推演、交流、互助、达成。这样，学生在课堂上掌握的就不是知识本身，而是学习知识的过程。

只要对以上内容进行详细的分析，我们就可以在课堂教学中形成一个学习闭环。

应该给孩子什么样的教育

来到云南师范大学参加万名校长培训项目已经一月有余。一月之内读书6本、听讲座9场、完成心得笔记2.5万字。于我个人来讲，这实在是一段收获颇丰的学习时光，然而在自身提升的同时，心中也着实牵挂女儿的成长。

因为自身职业，女儿从小到大一直都被保护得很好。我初到云南师范大学培训时，女儿大哭了几场。每每在我离开家时，女儿总是表现出极为不舍的留恋。然父母之爱子，则为之计深远。这次培训给我和女儿带来的分离，也许是一个非常好的教育契机，借此机会，我开始思考应该在这段时间内培养女儿些什么。

一、抗挫折的能力

在我出来培训的这段时间，女儿的班级重新竞选班长，这次竞选采取投票方式，女儿没能选上。结果公布后，女儿在电话里很平静地跟我说她落选了。我当时非常担心，生怕她嘴上云淡风轻，心中却过不去这道坎儿。

直到我听到电话里的她安慰式地跟我讲："没关系，选不上也没什么，我选上英语科代表了呀，我更喜欢当英语科代表。"我仍小心翼翼地问她会不会觉得难过，女儿沉思了一小会儿，坚定地回答："我是有一点难过，可是难过也没有办法，我还是先做好英语科代表吧。"

我又耐心地和她分析原因，然后说道："也许是妈妈的缘故吧，可能同学觉得你身上有太多的优越感，所以他们把票投给了亲和力更强的笑笑同学，这是可以理解的。妈妈最开心的是你能够想通这件事情，并且能够下决心做好自己想做的英语科代表，妈妈觉得你真的很棒。"

听我这样说，电话那边的女儿开心起来。她说："那这个学期你不在，同学们就不会觉得我特殊了，说不定下次选班长的时候他们就会选我了。"

听到她开心起来，我也稍稍安心。比起有些落选同学的当场大哭，我很欣慰女儿能够经受得住这次挫折。人生漫漫，没有那么多一帆风顺，能够抗挫折，这本身就是一种成长。

二、慎独的能力

上海格致中学的校长张志敏在讲座中提出：未来人身上的必备品格就包括慎独的能力。慎独，指的是在没有人监督的情况下，依然能够保持自我清醒、独立学习的能力。

女儿的学习任务确实很重，除了学校的课程以外，还学着舞蹈、钢琴、英语、游泳。其中，舞蹈和钢琴都是需要每天拿出大量的时间来重复练习的。特别是她所参加的云南省歌舞剧院艺术团，对学员要求极高，训练也特别苦、特别累。

本学期因出来培训，我曾尝试着与她沟通，问她要不要把舞蹈改成一个业余爱好，不去省歌舞团了，就改在少年宫上课。她在沉思之后坚定地给了我答案："不，妈妈，我要坚持，我能坚持得住。"

多少次晚饭之后我与女儿视频的时候，都看到视频里的她在一丝不苟地踢腿练功。听她姥姥讲，每当大人劝她该歇歇了，今天别练了的时候，女儿都会斩钉截铁地提出，一定要坚持完成。

学校里，老师布置的每一项任务，她也能清楚地记得并按要求完成。该背诵的、该预习的、该改错的，样样不落。

一天晨读时，我接到女儿从办公室打来的电话。电话里，她带着哭腔说："妈妈这个拿东西的'拿'字我总是写不好。"我只好在电话中跟她强调这个字的结构，并尽量用缓慢的语速向她叙述写好这个字的要领。然而说归说，她是否能把这个字写好，我心里真的没底，电话这头，我的心也被揪起来了。到了晚上放学时，女儿在电话里高兴地跟我讲，她的字写好了，还得到了老师的表扬。

科学课上，老师布置了每日观察月相，然后把月相记录在操作手册上的任务。我很抱歉，在整整一个月中没有陪孩子看过几回月亮，然而女儿的科学操作手册上，每天都清晰完整地记录着月相的变化。

以上种种，让我觉得在本次培训中最大的收获是女儿的成长。她从小一直生活在被保护、被关照的环境中，这次分离让她学会了适应，也激发出她的自觉性。好的教育不应只是保护，还应是唤醒，唤醒孩子身上的元认知，让孩子养成慎独的能力。

三、内心世界的富足

要想实现孩子内心世界的富足，首先要让孩子在充满爱的环境中长大，这里的爱是无条件的。

在参加培训的这段时间，我和女儿每日的联系都是靠电话。一天，在电话里，女儿说："妈妈，别人都羡慕我有一个好妈妈，他们的妈妈会在他们考不好的时候揍他们。"在与女儿的交谈中，我得知有些同学被家长定下了最低分数线，考不到95分就会被骂，甚至被打。因此，每次小测验孩子们都如临大敌，班级中的空气也仿佛变得紧张起来。

　　和他们比起来，女儿像个异类。她从不担心自己考了多少分，还会主动把做错的试卷拿出来与我分析。尽管面对分数她显得没有"上进心"，但是她的错题本在班级的评比中得了优秀等级。

　　如果分数在孩子的成长过程中占比太高，就会给孩子造成一种错觉——分数就是人生的全部，甚至会让孩子以为，父母爱的是那个成绩好的自己，如果分数考低了，父母的爱就变少了。这会让孩子陷入一种焦虑，在这种焦虑中长大的孩子内心缺少安全感，他们身上会带着一种明显的功利性，很难潜下心来研究自己真正喜欢的领域。真正的教育是内心的唤醒，是让孩子在成长的路上不断发现自己的兴趣并为之努力。

　　在小学阶段，远比分数重要的是孩子学习习惯的养成以及学习品质的形成，并让孩子在尽可能安全、宽松的环境中去探索、合作、交际。父母和老师应该在这个阶段给孩子无条件的爱和宽容，它无关分数，只为引导和唤醒，这就是给孩子最好的教育。

让时间管理为美好的一生奠基

时间是最稀有的资源，儿童却往往不能理解这句话的含义，因为他们的年少，因为他们生活环境的单纯，他们往往拥有大把的时间，而忽略了时间的稀缺性。

阅读了《卓有成效的管理者》一书后，我认识到自我管理，特别是对自我的时间进行管理，是能够为美好的一生奠基的。这就向我们新时代的教育工作者提出了一个要求：学会自我时间的管理，并且教会儿童管理自己的时间。

一、帮助儿童建立起时间的概念

不管是数学课上的"认识钟表"，还是其他人文类课程的课堂上，我们都应该帮助儿童认识时间，帮助他们建立起时间概念，让他们知道时间是会流逝的。我们可以通过让儿童观察对比过去和现在的照片，梳理从小到大掌握的一项项技能，让儿童清晰地感知在流逝的时间里，他们长大了，长高了，学会的本领越来越多了，时间丰富了他们的生命。但时间的流逝是不可逆转的，我们要让儿童知道他们长大了就永远不可能回到小时候，只能眼睁睁地看着时间流逝，并慢慢地懂得"岁月如歌"这个词语的含义。

二、认识单位时间

儿童即便建立了时间的概念，往往也不能如我们所想的那样去珍惜时间，更不用提能够很好地自我管理时间了。这大体是因为他们的心性尚未成熟，也有很大一部分原因是他们并不能具象化地感受单位时间内所能创造的价值。在课堂上，我们可以通过"听秒""一分钟书写竞赛""百题比赛"等形式，让孩子认识到单位时间所能产生的巨大价值。

通过单位时间内不同效能的产生，孩子能认识到浪费一分钟不再是一件小事，也能更加清晰地建立起时长的基本概念，并合理地估算时间，基本上能够解决自己完成某事需要多少时间，课间的10分钟怎样分配才是最合理的等类似问题。

三、尽量留出整块时间给儿童阅读、思考

在碎片化阅读、碎片化学习已经很流行的今天，我们要让儿童意识到，在付出同样多时间的情况下，用集中的时间来思考阅读要比碎片化思考阅读的效率高很多。这种清晰的认识会帮助儿童实现有效的自我时间管理。

我们应该更大胆地在课程表上做时间规划管理，把整块的时间留给儿童去阅读、思考，每个星期课程表上至少应该有一次时间相对集中的阅读课。对于写作教学，我个人的观点是应当集中时间课上完成，如果辅以集中时间的课上讲评，则习作教学的效率也会因此翻倍。

我曾经在教授《将相和》一课中做过这样的尝试：把自习课相对集中的时间拿出来给学生做剧本排练。由于时间相对集中，加之教师能够给予及时的点拨指导，40分钟之内，特别出色的小组不但完成了排练工作，而且对演出细节，如服装、表情动作等的把握都很到位，甚至还进行了创造性的台词创编。相比之下，如果这样的任务以家庭作业的形式布置下去，

由于孩子们的时间相对分散，作业完成的效率往往会打折。

在教育步入"双减"时代的今天，减轻孩子过重的课业负担，不仅仅是一句口号、一个要求，更是在考验教育工作者时间管理方面的智慧。如何管理自己的教学时间并正确引导学生进行自我时间的管理是我们必须研究且不能回避的课题。

四、应该引导家庭做好时间管理

经过上述步骤，相信大多数儿童已经对时间管理有了自己的想法并跃跃欲试了。我们现在要做的是让家校合作进一步助推时间管理的达成。

学校教育本身就应该肩负起对家庭教育的指导，我们可以引导各家庭对每日时间进行记录和规划，尽量减少浪费时间的项目。通过下发"一日学习记录表""假期自我监督表""每日学习规划表"等方式引导家庭进行时间管理都能取得较好的效果。这项工作可以辅以少先队评比，通过评比树立典型模范，充分利用班队会课进行经验交流，评选校园时间管理之星等。

总之，当一位教师学会时间管理时，那他不管是在一线的教学岗位还是在学校的管理岗位，都能称得上是一位真正意义上的卓越管理者；当一名校长学会时间管理时，他就能为学校建立起更加生态化的校园秩序；而当我们教会一个孩子时间管理时，我们将为他美好的一生打下坚实的基础。

以美为名，启智育人

"瞻彼淇奥，绿竹猗猗。有匪君子，如切如磋，如琢如磨。"古老的《诗经》可以看作我国古代的一部美育教材。遥想当年的孔子带着弟子周游列国时，应是口中"颂风雅"，行之有"仁义"。

2019年，中共中央、国务院印发了《关于深化教育教学改革全面提高义务教育质量的意见》，其中提到"五育并举"。《普通高中语文课程标准（2017年版）》也提到了语文学科要承担学生审美能力培养的任务。

其实，每一门学科都应该承担让学生认知美、感受美的任务。数学课要能让学生感受逻辑之美、图形之美，科学课要能让学生感受发现之美、科技之美，但语文课上的美育资源最为丰富，语言本身就是美育之源。

美育在基础教育阶段应该是一棵大树，在这棵大树上各学科的美育功能像果实一般挂满枝头。而语文课更应该成为孩子的生命发现之旅，让孩子发现美、感受美。

一、发现语言之美

语言是表达工具。在表达的过程中，语言流露出来的规律性美感，往往反映着作者当时的心境。教师带着孩子体会语言表达中的美感与规律，可以让孩子穿越时空与作者对话。

在教学《祖父的园子》一文时，我带领孩子们关注这样一段特别有规律的语言：

"我家有一个大花园，这花园里蜂子、蝴蝶、蜻蜓、蚂蚱，样样都有。"

"黄瓜愿意开一朵花，就开一朵花，愿意结一个瓜，就结一个瓜。"

学生刚刚读到这样的语言时，感受到的是文中的我对祖父的依恋，祖父干什么我就干什么。这质朴的语言里有自由的快乐，更有有天伦之乐。

这时我提问：

"刚才在读课文时，让你们大笑的'蜂子、谎花'其实都是东北方言。萧红作为五四运动后进步青年的代表，是一位见多识广的女作家，在创作此文时她已经身在香港，为什么要在本文中大量使用家乡的东北方言呢？"

这时孩子们陷入了沉思。我及时将萧红坎坷的人生经历作为课外资料补充：

"在萧红流落香港时期，是她人生最低谷、无助的时候。回想一生的起伏坎坷，她最依恋的依然是呼兰河那座小城，最怀念的依然是和祖父在一起的短暂的快乐时光。"通过阅读课外链接并根据我的补充，孩子们说："她大量采用东北方言，娓娓道来，正是寄托了一种对家乡、对祖父深深怀念的情感。"

课文中语言表达的规律就这样在课堂上被教师和学生用发现的眼光捕捉到了，学生感受到了作者对家乡、对祖父深深怀念的情感，而且感受到了文中寄托的那份淡淡的哀愁。

二、重视艺术通感

语言也好，音乐也好，色彩也好，在艺术表达上，美是存在通感的。

在教学《长江之歌》时，我利用艺术通感，在孩子们诵读诗歌之后，开展项目化教学，要求他们分组拍摄长江之歌的MV。

孩子们在分工合作中，有人负责画外音朗诵，有人负责图片搜集，还有人负责给片子配乐，最终制作出一个PPT短片作为成果进行展示。在这次项目化教学中，孩子们不断地相互沟通，甚至是相互妥协，最终以大众的审美，达成了音乐、画面、语言共融的和谐之美。

三、明确美育范畴

诚然，美育与很多学科都能融合。义务教育阶段的学科应该明确本学科所承担的美育任务，明确美育范畴和育人功能。

我认为在义务教育阶段每一门学科都承担着认识美、欣赏美、感受美的任务。在创造美方面，语文学科尤其应该让孩子们认识表达之美。

语言的功能是表达。不管是书面语言还是口头表达，我们最终都是要带着孩子们在语言的美感中，表达出他们内心真实的感受或表现出他们的奇思妙想。

2018年，为配合学校滇池课程体系的建设，我校在校园内进行了滇池微缩景观的校园文化提升。微缩景观落成后，许多学生都喜欢在课间来到"滇池"边走走坐坐。我校初中语文老师引导学生用文言文的方式模仿《小石潭记》，撰写学校滇池微缩景观，并对学生作品以网络展评的方式开展投票评选。学生有感而发，佳作频生。一时间，学校滇池微缩景观名声大震，该活动收到了较好的效果。

认识素质教育，投身教育改革

我是1998年8月参加工作的，尽管那个时候中小学各个学科教学所使用的还是"教学大纲"，但是我却在参加工作的第一天就听说了这个词语——"素质教育"。

那时，我只会懵懵懂懂地从字面上来理解，认为素质教育就是提升人的素质。尽管这个理解从今天看来并不能说是全错，但是令我万万没有想到的是，在从教23年后的今天，在认真阅读了陶西平老先生的著作《沉浸于求索之中》之后，我才从真正意义上理解了"素质教育"。

陶老先生用一句话掷地有声地道出了实施素质教育势在必行。我国人口众多，而这些人口究竟是成了国家的负担还是成了国家发展的人力资源，其主要的差别就在于人的素质。1999年，在即将跨入新世纪的时刻，我国提出基础教育的根本任务就是提高全民族的思想道德素质、科学文化素质和创新能力。

与此同时，世界上的其他国家也在世纪之交纷纷提出了适应新世纪的本国教育战略。

21世纪初，一个世界趋同的教育战略——终身教育诞生。这一战略为基础教育指明了方向——应当培养具有终身学习能力的人，为终身教育打下坚实的基础。

《沉浸于求索之中》这本书，不仅仅是让思维沉浸在纵深的求索中，更是向我们展示了改革开放以来波澜壮阔的教育改革画卷。

何其有幸，这画卷中有我；何其有幸，改革开放后的教育事业，我存在过、参与过。

刚刚参加工作的时候，学校的教学楼上有这样几个大字："面向世界，面向现代化，面向未来。"今天我才明白这几个字背后的含义，那就是我们国家早在新世纪之交就已经预见到科学技术的突飞猛进，知识经济已初见端倪，国力竞争将日趋激烈，知识经济悄然兴起，而这些必将带来一场无声的革命。教育，应当肩负起国力竞争中全面提升公民素质的战略使命。何其有幸，我曾经在这几个字的映照下工作过、奋斗过，并将这几个字深深地印在了脑海中。

我国加入WTO，带给教育的冲击是一场无声的静悄悄的革命。从表面上看，我国留学生人数增多，外资进入我国办学变得很普遍。而这背后对我们教育工作者用好德育主阵地，增强民族自信，增强文化自信，提出了更高的要求。应该说，加入WTO对我国的教育有一定的促进作用，但也给国民看待教育的眼界带来了不容小觑的冲击。回顾自己20多年的教学生涯，曾经有18年担任班主任。在这期间我一直坚持不懈地对学生进行爱国主义、集体主义、社会主义教育，坚定地推行小学生日常行为规范的养成教育。这背后是国家以战略的眼光对教育的高瞻远瞩。德育教育绝不能削弱，要改进，要加强。我庆幸，这坚守中有我。

2011年我成了国家级课改实验区的第一批课改实验教师，开始接受《义务教育语文课程标准（2011年版）》的培训，也知道了语文学科的学科性质是工具性与人文性的统一。在西安的千人大会堂里，我听到了台上的老师如诗如画般地带着孩子们学习诗歌《四季的脚步》，感叹于台上的老师用参与式的教学方法，带着孩子们学习课文《科利亚的木匣》……

我以为这一切很自然，是我自然地赶上了课程改革，赶上了这个好时代，却不曾想这背后是素质教育观念中的"教育必须创新"。我们必须在加强"双基"的基础上培养学生的能力，发展学生的智力，开发学生的非智力因素。

我是幸运的，因为教育改革中有我；我是幸福的，因为我明白了素质教育的意义。今后，我将义无反顾地继续投身教育改革，不负自己的教育使命。

博大精深里感悟自豪，
海纳百川中彰显魅力

—— 让中华优秀文化成为语文学习的源头活水

2008年8月，我来到昆明市滇池度假区实验学校从事语文教学工作，从此结识了美籍学生谢伯伦。他刚来这个学校读书时，汉语水平非常差，加之一年级刚入学就是学拼音，可以说当时的他对语文一点兴趣也没有，常常瞪着他无辜的大眼睛仿佛对我说三个字：听不懂。我没有别的办法，只能对他个别关心、个性辅导，考查中适当降低要求和标准。每当他在课堂上读对了一个词、一个句子时，我就带头为他鼓掌。渐渐地，他对语文学习有了一点点兴趣。

直到有一次，我们识字教学讲到了象形识字和形声识字的内容。当我讲到中国的汉字由仓颉创造，他根据太阳、月亮、山水的形状创造出了象形古汉字，几千年后演变为今天的汉字时，他突然站起来，给出了这样的评价："你们中国的字好，比我们美国的好！"我当时太激动了，因为我意识到，他对中国汉字有兴趣了。我马上抓住此契机，一股脑地跟他讲：

"你知道吗？这种根据事物样子创造出来的汉字，我们叫它象形字。象形字在汉字中只占一少部分，汉字中的绝大部分是形声字……"我就这样一股脑地给他灌输知识，完全忘记了这些是不要求一年级孩子掌握的内容。

事实是，全班学生都听得极为认真，他们十分渴望我继续讲下去，讲那个汉字中绝大部分的形声字。

我突然意识到，这就是我们学校提出的国际化理念中的中西文化碰撞，正是因为我们班级里这个"小老美"，以及他对汉语产生的兴趣，激起了全班学生对汉字文化的兴趣和自豪感。如果这次碰撞我就这么放过了，那么就风过了无痕了，什么也留不下。于是我决定，趁热打铁，继续讲！电子白板上出现了这样的板书：水字的演变、子字的演变……在形声字教学中，出现了有趣的识字转盘……

谢伯伦在了解到"形旁表义、声旁表音"的形声字造字规律后，常常兴致勃勃地猜啊猜啊，猜字的读音，猜字的含义。最后，我开玩笑地说："人说秀才认字识半边，谢伯伦，你的汉语水平够当秀才了啊！"在全班同学的笑声中，他也笑了。那种感觉太美妙了。我知道，这美妙源自我们汉字文化的博大精深，在这种博大中，我们的"小老美"折服了。而我们语文教师，有义务去传承汉字文化的博大，这是我们的责任，也是我们的使命。

后来，我们学到了会意字。当我在白板上写出"休""牧"这些会意字的古字写法时，学生突然问我："老师，这么难的字，那些语言学家是怎么认出来的啊？"我很认真地回答他们："其实直到今天，三千多年前的甲骨文我们仍然不能完全破译，我们今天学习象形字、形声字、会意字就是为了从小掌握我们汉字造字的规律。这规律就像一把金钥匙，更多的古汉字，等着我们去破译、去纠正……"我看到学生们眼中闪着光，我坚信，他们中一定会出现汉语言学家，说不定，那个人就是谢伯伦。

正是因为有了这样的国际眼光，我才感受到自己肩上传承汉字文化的使命，于是我有了这样的意识：语文课要有融汇、有交流、有碰撞，要让我们的课堂有"海纳百川"的气度。

在教学《静夜思》这首学生耳熟能详的古诗时，我没有浪费时间让学生背诵，而是加入了李白生平的小资料，当我讲到那个可以"五花马、千金裘"换美酒的李白，那个"天生我才必有用，千金散去还复来"的李白，那个"举杯邀明月，对影成三人"的李白，此时什么也不能做，只有想家，只能想家时，学生说："李白，我真是拿你没办法。"我想说："孩子啊，你们可知道，你们拿对李白没办法的这份'说不尽'，正是李白诗词的魅力所在啊！"这些孩子们，真真正正地走进了李白，不正是这份"说不尽"的诗意，使得"诗仙"李白流芳千古吗？

在中华优秀文化的滋养下，语文课变活了，学生爱上了语文，爱上了母语，爱上了中华源远流长的文化。语文课堂因文化的浸润而显现出海纳百川的魅力。

"问渠那得清如许？为有源头活水来。"中华文化博大精深，是语文学习的源泉。我愿意肩负起传承中华文化的使命，为语文教学的魅力添上自己的一笔！

理念、服务、法纪、智慧、人格、科研与学校发展息息相关。学校管理者在实践中要用理念引领学校，用服务管理学校，用法纪规范学校，用智慧思考学校，用人格领导学校，用科研发展学校。办学者要办好学校，就应该树立现代教育理念，扮演好服务者的角色，依法纪办学，以智慧管人管事，用人格魅力影响人、带好人，用科学的发展观研究学校、发展学校，提升学校品位。

巍巍学府苒风华

建一所你我都满意的好学校

参观过的学校越多，你就越会有这样一种迫切的想法———一定要建造一所理想中的好学校。一所理想中的好学校，应该有以下几个特征。

一、深厚的学校文化

一所好的学校必然有深厚的文化底蕴。它应该是师生共同的愿景，师生都能在这所学校里找到自己的归属感。无论多少年以后，当他们谈及母校，都依然心怀感激，热泪盈眶。

在云南边境上的腾冲四中，一走进学校大门你就会看到令人震撼的思源碑。碑上镌刻着学校自建立以来，每一位任职过的教师的名字。从入职腾冲四中那天起，这些教师的名字就被用端正的楷书镌刻在思源碑上。饮水思源，思源碑是在告诉每一名走进腾冲四中的学子要认识学校的教师，并对教师心怀感激；思源碑也在告诉每一位教师，踏入腾冲四中的大门，就打上了腾冲四中的印记，就应该为腾冲四中的辉煌添上自己浓墨重彩的一笔。

思源碑上那一个个名字的主人，有的光荣走到退休那一天才离开四中，有的半路调走，还有的改行了。然而我想无论他们在何时回想起踏入四中的那一刻，回想起名字刻入思源碑的那一刻，都一定会感到庄严和神圣，都一定是热泪盈眶的。和名字一起刻入的，一定是刻骨铭心的教育记忆与教育情怀。

一所好的学校应该结合自己的历史、环境、人文，提炼出专属的文化，并把它作为一种符号、一个烙印留在每一位师生的心中。

二、健康的身体

一所理想中的好学校，不能只要成绩不要健康。"双减"政策落地后，一、二年级不再进行期末考试，那么我们该以什么作为一、二年级教学质量的评估导向呢？我想就以学生近视率的普查作为一项必要的内容。除国家规定的每学年一次体质健康检测外，我们应该定期对全校学生的视力进行筛查，对近视率较高的班级要给予警告，对学生视力保护好的班级要给予褒奖。

没有健康的体魄，我们的学生连成人都谈不上，何谈成才？以牺牲健康为代价的成绩提升是目光短浅的。

评价一所学校的好与坏，应该看看运动场的利用率有多高，15：30以后草坪上有没有足球队在训练，有没有轮滑课在进行，篮球场上有没有比赛在进行。充足的体育锻炼不仅可以给孩子们健康的体魄，更可以让孩子们从中增强团队意识，培养坚韧不拔的品质。

三、勇于创新的精神

一所好的学校所开设的课程不能仅仅局限于国家规定的课程，应该以课程为学生的发展跑道，培养富有创新精神的人才。

在一所好的学校里，每一门学科都应该是有生命尊严的。一门学科的尊严绝不应该仅仅依据它在中考中的分数占比来判定。每一位教师都应该清楚自己的学科性质和定位，明确通过学科教学培养学生怎样的核心素养。

在我校的历史课堂上，学生学习了原始社会的生活劳作方式，了解到了当时人们的生活是以狩猎和采集为主。对比之后的农耕文明，有学生在课堂上这样讲："我感觉农耕文明把人类禁锢在了土地上，远没有原始时代那么自由自在。"

面对这样的质疑，教师在课堂上应该对学生进行批评吗？不，我们恰恰应该鼓励学生这种创新性的发散思维。全球畅销书作家、伟大的历史学教授尤瓦尔·赫拉利在《人类简史》一书中专门就这一话题进行了论述，他甚至提出"究竟是人类驯服了小麦，还是小麦驯服了人类"这样富有哲学思考的话题。

很多时候，我们一提到创新精神就容易把它和理科教学结合在一起，其实恰恰相反，哲学式的思辨、文学上的批判性思维，都是有利于创新精神的培养的。在学科建设上，我们一定要形成全息育人的思维。全息，顾名思义就是全方位地育人，每一门学科之间不必有过于清晰的学科界限。整合、共融是全息育人两个必不可少的维度。我们应该尝试着打破学科壁垒，培养全面发展的人。

四、正确的职业教育观

关于职业教育，我认为国内做得较好的是顶尖的艺术院校，如北京舞蹈学院附中、上海戏剧学院附中、中央音乐学院附中等。它们招收学生的年龄要求基本上都是12岁。

法国著名思想家、教育家卢梭认为，12岁到15岁是人们接受职业教育比较好的年龄段。所以，上述几所院校通过它们优质的学生选拔保证了其在国内艺术院校天花板的位置。这也充分说明了对于艺术类的学科学生在12岁之前完全可以决定是否要走专业线路。

纵观国内其他的职业教育，远没有如此清晰的规划和发展前景。不用说家长，就是教师本身对职业教育的了解也并不深入。大部分孩子走进职业教育学校是出于一种迫不得已，职业教育学校没有更好的后续可深造的机会，家长和孩子都感觉在这里看不到未来发展的前景。

一所好的学校应该在学生儿童时期就尝试让他们形成职业认知，鼓励他们发展自己的特长，更重要的是赋予他们终身学习的能力。职业教育是非常好的一种教育。我们应该引导家长、学生客观地看待职业教育，同时应该让学生具有终身学习的能力，不断突破自己的上限。

一所好的学校是家长的定心丸，一所好的学校是社会的稳定剂。办学不仅需要开放和包容，也需要沉下心的内敛和定力。一所好的学校应该以人的发展为最高办学目标，培养具有终身学习能力的内心富足而笃定的社会人。

校园健康，我们能做些什么？

2019年冬季，疫情暴发之前，我校在每日的例行晨检时，发现小学低年级的班级共有82名学生请病假。此事引起了学校的高度关注。是什么原因导致三个年级有这么多的学生同时请病假？这一现象将学校不可回避的公共卫生安全问题提上了议程。

一、规范的晨午检是保证学校公共卫生安全的重要保障

如今，许多热门中小学校人员密集。以我校为例，一年级招生人数连年超过500人，学生密度大，在教室内的时间长，加上冬季天冷，许多教师不愿意开窗通风，导致流感等疾病流行。

由于低年级学生的抵抗力较弱，一例流感往往会造成班级里七八名学生同时生病。这时，规范的晨午检查就显得尤为重要。我校在新冠肺炎疫情出现前，就已严格规定各班每天早晨务必上报学生病假情况，并进行传染病预判，如发生法定的39种传染病之一，将立即启动传染病上报流程。

这一次，校区同时出现82名学生请假，学校迅速对请假学生进行追踪排查，发现请假最多的班级集中在三年级（1）班，高达19人。这种情况是不正常的，于是我们和校医一起走进这间教室，对具体情况进行排查。

二、要相信传染病是可以控制的

走进三年级（1）班，我们发现这个班级的教师特别喜欢把窗帘拉起来上课。因为教师认为，如果打开窗帘，强烈的阳光直射进教室，孩子们在书写时就不得不用小手对其加以遮挡。因此，教师索性把窗帘拉上，打开教室的护眼灯上课，导致教室内通风不畅，40多名学生闷在教室里，整个教室充斥着一股难闻的气味。

通过对学生的调查走访，我们发现这个班级出现第一名生病的学生已经是上个星期的事了，但他生病后并没有及时上报，而是坚持上课两天之后才因高烧不退而请假回家。之后，班级陆陆续续出现学生感冒发烧的现象。直到这周一晨检时，才发现班级请病假的学生已经高达19名。

对于我们的走访，班主任表示不理解。他认为自己的教学和管理都是一流的，没有问题，对于学生生病这件事，他很难过，但也很无奈，他没有办法控制病毒是否侵袭班级的孩子。面对班主任对自己的辩护，我们没有加以指责，而是组织所有班主任参加了校园公共卫生培训，主讲教师是社区医生。

社区医生首先就什么是流行病、传染病进行了介绍，同时对传染病的传播途径等专业知识进行了讲解，医生特别强调"传染"是可以控制的，教室通风、消毒、及时隔离都是控制传染病的有效途径。教师虽然不是专业的医疗人士，但是也可以通过切断传染源、及时将生病学生隔离、有效地对教室进行消毒以及开窗通风来降低学生被感染的风险。

经过医生的专业培训，班主任们打消了心中的顾虑，不再认为孩子生病是学校力所不及的事情。学校后勤部门配合各班级每日加强消毒，搞卫生的阿姨每天提前一小时到校对各班教室进行专业消毒并通风半小时，确保教室消毒水浓度降到合理范围内，再开校门迎接孩子们进校。一个星期以后，学校请病假人数明显减少。

三、信科学，不信谣

由于学校是人员聚集的地方，而且聚集的都是家庭中的希望——孩子，一旦发生传染病，比传染病更可怕的是舆情的发酵。

一年之中，每个学校都难免会出现手足口病、腮腺炎等传染病病例。一旦发现，我们就立即启动科学的上报流程，坚决杜绝教师和家长中出现以讹传讹的现象。对于法定传染病的上报，我们首先依据的是医院的权威诊断，凡是疑似、留观的情况，都只对社区医院上报，不在班级学生中传播。医院出具诊断书的，学校按照法定传染病上报程序依法上报，并对教室进行消毒，同时针对学生的病情在全班进行卫生健康方面的宣讲。

通过宣讲，学生与家长都知道了传染病要传播必须满足的条件：一是病毒达到一定的数量和浓度，二是传染源没有得到有效的控制。教室每天强制定时通风，就是在降低教室内传染病流行的风险。每一位家长都要对孩子的健康负责，在孩子出现疑似传染病的症状时，就不要再将孩子送到学校，而应该第一时间就医。只有全员树立公共卫生安全意识，校园才会有健康的保障，才能让孩子们健康地成长。

正是因为有了良好的校园健康安全意识，我校在新冠肺炎疫情期间的管理才显得游刃有余。学校在政府相关部门的支持下增设了洗手台、感应式手消器等公共卫生设施，学生通过良好的公共卫生知识宣讲，树立了卫生健康意识，每学期的请病假人数都趋于正常，甚至低于个位数。

在学校教育中，让学生拥有健康的体魄是最重要的事情。学校应该通过科学有效的公共卫生健康教育，让学生在身体健康的基础上成长为德才兼备的合格接班人。

让音乐为人生加分

曾经听到一位焦虑的家长对钢琴老师这样发问："孩子钢琴考过了几级，才可以在中考和高考时获得加分呀？"钢琴老师抬起头来，不疾不徐地回答："您别着急，看长远点，学钢琴是为人生加分的。"

这是迄今为止我听到的最好的关于音乐类教学的回答。音乐是人类的第二种语言，也是人类共通的语言。在提倡"五育并举"的今天，小学阶段做好音乐教育可以培养学生的感性认知、表达能力，艺术鉴赏力以及塑造学生良好的道德品质。

一、把理想信念唱出来

儿童的特点是爱跳、爱唱、爱表达。在小学阶段，学校利用儿童这一年龄特点普及国歌、队歌、校歌，能够很好地起到规范学生行为、让学生树立理想信念的作用。

我校每年在10月13日建队日都开展唱国歌、队歌比赛。活动由学校少先队大队部统一组织，以班级为单位参赛。评分涉及服装、演唱、指挥、精神风貌等多个维度。各个班级为了获得好成绩，可谓八仙过海，各显其能：从演唱形式上，有二部轮唱、分声部演唱、情景表演伴舞，还有穿插朗诵等；从外援支持上，有多才多艺的家长参加比赛，有的家长亲自上场钢琴伴奏，有的家长客串指挥，还有的家长拉来乐队。一年一度的国歌、队歌比赛，俨然办成了音乐节。在歌曲演唱的过程中，孩子们不但坚定了理想信念，更对合唱知识进行了潜移默化的学习，虽然没有教师在课堂上特意强调，但孩子们依然理解了合唱的声部、轮唱的技巧、指挥的手势等，还在乐队伴奏的过程中认识了很多乐器。

二、爱音乐，爱校园

学校在确定了"一训三风"（校训，校风、教风、学风）之后，面向全校征集校歌。此项活动得到了学生家长的大力支持。学校收到了很多作品，最终将这些作品整理为一张专辑，并确定了学校的校歌、品牌之歌以及安全管理之歌等。

学生早晨一进校时听到的就是为学校量身打造的安全之歌，少先队活动时听到的是《红领巾胸前飘之歌》。学校将校歌编出动作，特别受学校低年级小朋友的欢迎。

为推广学校的"一训三风"，学校开展了"唱响校歌，解读'一训三风'"的评比活动，并邀请家长参与其中。在评比过程中，家长和孩子们共同唱响校歌，推广学校的"一训三风"。同时，有家长代表为全校学生上微型思政课，收到了良好的效果。

许多毕业生回到学校时感慨道，一听到校歌在耳边响起，就有一种热泪盈眶的感动。校歌就这样在每一位教师、学生和家长的身上，留下了深深的印记。爱唱歌，就是热爱生活；爱唱校歌，就是热爱校园。

三、让经典咏流传

我一直都特别喜欢中央电视台《经典咏流传》这个节目，许多古籍经典在或现代或古风的音乐演奏下，变得朗朗上口，深受青少年的喜爱。

在学校的实际工作中，一次偶然，在课间操的时候年轻的体育老师将火爆网络的歌曲《少年》在广播中播放了出来，没想到全校学生跟着一起大声合唱，整个课间操整齐得出乎所有人的意料，孩子们边跟着节奏大声演唱，边摇头晃脑地做着动作。音乐结束了，孩子们依然不肯停下来，纷纷跑到教师那里要求再放一遍，说他们还想唱。

正是这一次不经意的小插曲，启发我们尝试利用课间音乐让孩子们通过歌曲的形式背诵优秀诗篇。

我们首先找到的篇目是《笠翁对韵》。在大课间学生做完放松活动后轻音乐响起，我们将《笠翁对韵》的歌谣插入其中。孩子们在返回教室的途中轻声跟着吟唱，几个星期下来学校大部分孩子都可以吟诵《笠翁对韵》的第一篇了。

实验成功后，紧接着语文组的教师对照《义务教育语文课程标准（2011年版）》，将小学阶段需要背诵的古诗文篇目全部找了出来，并在《昕融唱诗词》这个栏目中，一一找到这些诗文对应的歌曲，再利用午休结束至下午第一节课上课前的10分钟这个时间段，以每周一歌的形式循环播放。一个学期下来，孩子们至少可以积累15首古诗。小学阶段6年坚持下来，每个孩子都可以积累180首古诗，这个数字远远超过了课程标准的要求。

在国家提出"五育并举"的今天，音乐教育的重要性逐渐凸显。做好音乐教育是每个学校必须着重思考的事情，音乐不仅能让孩子们听，而且包含着更广的范畴，如音乐与学科的融合、音乐与其他艺术的表达通感等。

我们要让音乐充满校园，让嘹亮的歌声、灵动的舞蹈成为校园美育的双翼，带着孩子们在艺术的天空翱翔。

和而不同，共同进步

　　昆明市五华区云铜中学副校长谷润带来的讲座"我是如何当校长的？"，让我们认识了一个占地面积只有17亩的中学，是怎样落实"五育并举"、开发学生自身潜能的。

　　谷润校长通过视频向大家介绍了云铜中学各个班级因地制宜地开发出的室内操，校长充满智慧地给家长和学生进行培训，引导全校形成阅读风气……种种做法都让人感觉质朴、真实、接地气。

　　在报告中，谷校长梳理了近几年中共中央出台的许多关于促进教育公平的文件；分析了如何落实义务教育阶段教育优质均衡发展，如何让我们的家长免于焦虑，如何让儿童阳光健康地成长这几个当前义务教育亟待解决的问题。

　　要解决这些问题，就要从根本上提升教学质量。我认为，通过建构"学习共同体"可以激发学生学习的动力，因为激活学生自身的主体性尤为重要。在学校的实际教学中，教师应该创造性地开展小组合作学习，让学生形成学习共同体，在合作中沟通与交流，最终实现共同进步。下面我用一个真实的案例来阐述小组合作学习中的一些做法。

一、难兄难弟

2014年，我接手了一个五年级新班，这是我从教以来第一次半路接班。接班不久我就发现在这个班级中有一对难兄难弟，每次做试卷他俩都做不完，每次听写他们的准确率都仅有可怜的20%左右。

于是，每当他们写不完作业，我都只好把他们留在教室里。一天，又是一个简单的词语，反复改错几次之后，小张还是不会。这时在一旁的小李笑嘻嘻地走过来，他指着小张的作业本，斜着眼睛说："怎么这个字你还不会？来，我告诉你，我有个办法可以让你记住它。"

我灵光一闪地对小李说："太好了，现在由你负责教小张，教会了你们两个人都有奖励。"他俩在教室后排嘀嘀咕咕了5分钟左右，令我意想不到的事情发生了，小张全会了。

事情就是这么神奇，教师教不会的内容，两个学困生凑在一起，却可以把彼此教会，因为他们更懂彼此。同时，他们的交流是有效的，在交流中没有恐惧、没有心存戒备。可见，有效的交流是学习成功的重要前提。

二、组建学习共同体

小张和小李的实验成功后，我开始在全班推广组建学习小组。学习小组共有以下两种形式：

第一种是异质性分组，即一个组内的组员由不同层次的学生组成。这种分组形式往往是竞赛式的。因为各个学习小组的学生构成情况较为相似，我们会针对相同的学习任务，在各小组中进行评比。组内成员为了在评比中获胜，往往会使出全身解数来弥补自己小组的短板，集全组之力来辅导学困生。在期末复习的过程中，整本书的知识点用不了几轮小组竞赛就已大概梳理清楚了。这时候班级中的学困生早已在小组组员的轮番帮辅下、在一轮一轮的竞赛中对知识点有了清晰的认识。

第二种是同质性分组，即将学习水平差不多的学生分为一组。我们往往将此种分组方式运用于作文讲评、讨论等活动。高年级的学生在写完作文后，往往不愿意将写好的文章分享给别人看。长此以往，学生会在习作的过程中缺乏"读者意识"，这对其写作是不利的。因此，在作文讲评中，我往往会跟学生讲清楚这一次的分组是怎样的，写完的作文要先在组内互评，然后提交给老师评分。这样做的好处：一是提醒学生要有读者意识，在进行写作的时候就应该清晰地知道自己的读者有哪些，想传递给读者的内容有哪些。读者意识的建立是有助于写作水平的提升的。二是让学生知道文章不厌百回改。小学生的年龄特点决定了他们自己对作文进行修改是缺乏必要的主动性的，将水平相近的几个学生组合在一起交流学习，他们会更有兴趣，发现的问题、提出的建议也会更为中肯。

三、清晰的团队目标设定

小组合作学习，切记不可以泛泛地将学生分成几个组，随便丢一个学习议题，就让他们开始合作。这样的合作往往具有巨大的虚假性。小组合作学习中分组尤为重要，这个小组织要有一定的凝聚力，能够形成共同学习、共同进步的统一目标。在实际教学中，我们可以通过简单的团队建设来实现小组共同目标的统一。

班级中的学习分组应该兼顾各个学生的兴趣、性格、爱好、脾气、秉性等。学习小组成立后，应统一为其确定组名、设计组徽、统一口号等。系列的文化建设可以使小组成员具有强烈的文化认同感和归属感。

每个学习小组以不超过8人为最佳。组长是组内实际的组织工作者，而具体的工作应由组员分别完成，如记录、发言、编排节目、收发作业等。各小组中必须确定一个计分员。由于每个组员的分工不同，计分员要负责将组员每一次贡献记录在案，做好组内评比。在小组间开展竞赛活动的时候，计分员不仅可以记录本组组员贡献得分，也可以相互交叉做评委，实现整个班级的良性竞争。

小组合作学习中学习方式的转变是全面提升教育教学质量的积极尝试。在学校的实际教学工作中，我们可以通过以上做法使"学习共同体"逐渐形成，追求和而不同，实现共同进步。

真实开展活动，活化教育教学

杜威在《学校与社会·明日之学校》一书中强调了学校与社会的关系。他认为，学校应该是孩子生活的一个小社会，在这个小社会中，一切的生活实践都应该是学校教育的一部分。

在实际的教育教学工作中，我们的学校也经常开展一些社会实践活动。这些活动如果单纯地以活动本身为目的，那么带给孩子的可能只是一次有趣的体验和经历。我们应该从以下几个维度来思考学校活动的设计，让活动真实地开展，让日常的教育教学工作活起来。

一、活动应以儿童为中心

在学校工作中，我们会开展春游、研学等活动，这些活动的开展在学生眼中是什么样的呢？如果走进学生中间，我们就会发现，春游之前孩子们满心欢喜地盼望，然而最让他们头疼和惧怕的是春游之后的那篇作文，仿佛我们许多活动的开展，最终目的都是让孩子们能够写出那篇作文。这样的活动是以活动设置为中心的，而非以儿童为中心。

我们是否可以静下心来，像杜威所描述的那样，将学校的活动还原为社会的生活？活动的真实意义是让孩子们体会到社会运转中的一些规律。

我校曾开展过一项爱心义卖活动，让孩子们进行私人物品的爱心义卖，用筹得的善款做公益。为此，各个班级都做了精心的准备，力求真实地还原市场。我们希望孩子们通过爱心义卖，懂得奉献自己的爱心，捐出善款，同时初步了解市场，学会使用人民币，学会进行物品交易。

二、活动是社会生活的真实再现

由于活动前的准备很充分，孩子们参与热情很高。他们驻足在一个个玩具摊前，买家在一一询问功能、用途、价钱；卖家则在耐心地解答，并希望能够尽快促成交易。

在我看来，这次活动已经达到了目的。我们把生活中真实的市场搬进了校园，孩子们在义卖活动中明白了如何做买家和卖家，如何完成一项交易。然而，后来发生的一个小插曲，使我明白只做到这些是远远不够的。

在活动过程中，一位平时不怎么来学校的家长出现了，他的身份是一名企业家。他走进我们的卖场，带着自己的孩子转了一圈，然后从兜里掏出1000元现金，告诉孩子："把市场上所有的商品都买过来，不用在意价格，不用在意是否喜欢，都买过来就可以了。"

我当时在心里暗暗地想，这算什么教育？平时不来参加家长会就用钱来弥补吗？

我的愤愤不平仅仅持续了5分钟，因为卖场上所有的商品都被他的孩子买走了。所有小朋友都被迫停下了自己手中的工作，呆呆地看着这名同学，簇拥着一大堆玩具物品，高兴得合不拢嘴。

这位家长又语出惊人，他告诉自己的孩子："好了，现在这个市场上所有的商品都集中在你的手里了，你现在想怎么定价都可以。按照你的喜好去定价吧，再把这些商品全卖出去。"

于是，我又吃惊地看着这个孩子把所有的商品一字排开，准备定价。就在我还没有回过神来的时候，这位家长再次在一旁指导："这么多商品靠你一个人来完成售卖太累了，你可以雇用几个帮手来帮助你完成这件事情。"

你能想象得出来吗？我们的教室瞬间变成了一个贸易公司——总经理就是这名同学，他雇用了下面的销售团队，将商品进行分类，重新定价，其他同学不得不再一次把自己刚刚卖掉的玩具买回来。

我若有所思地来到这位家长面前说："您今天真是让我大开眼界。"谁想到他只是笑了笑，谦虚地说："隋老师，对不住，因为平时工作忙，很少来参加学校的活动，在了解了咱们这次义卖活动的规则后，我就想用这样一种办法为咱们班的卖场创收，希望咱们班在这样的安排下可以获得年级第一。当然了，顺便也让这些小朋友了解一下什么是真正的市场，什么是真正的贸易。"

三、活动中应有道德观念

"道德观念是能够影响和改进行为的，是使行为变得更好的观念。"在这次活动的最后，我们的这位家长还不忘向同学们做一下总结，他问："孩子们今天玩得开心吗？"在得到了肯定的答复后，他问大家："通过今天的活动，你们觉得在市场中我们需要共同遵守的规则有哪些呢？"

孩子们纷纷总结："在市场上有钱真的非常了不起，然而不能因为自己有钱就垄断市场，随意定价，哄抬物价是不道德的。"

还有的孩子说："在您的孩子收购了市场上所有的商品后，他组织大家共同完成这个市场上的贸易，我认为让所有人都参与是非常好的一种做法。"

这个活动已经过去两年多了，但它无时无刻不在引发着我的思考：学校与社会本就应该是紧密相连的，学校应该是社会的一部分，作为教师，应该在学校中通过精心的教学活动设计，使学校与社会紧密连接，让儿童在这个过程中不断成长。

以老子的哲学观念看学校管理

老子姓李，名耳，字聃。据《史记》记载，老子是楚国人。他是我国春秋时期著名的哲学家、思想家，他的"无为""天道论"等思想直到今天仍对中西方的哲学产生着巨大的影响。以老子的哲学观念来看待今天学校的教育教学管理或可得到一些启示。

一、过度有为不如无为而治

据胡适先生在《中国哲学史大纲》一书中考证，老子大概出生于周灵王初年，即公元前570年左右。他出生于中国贵族的黄金时代——春秋时期。但是老子的政治思想却有着鲜明的政治批判，他强调："民之饥，以其上食税之多，是以饥。"他认为管理不能违背天道，不能扰乱自然的秩序，提出："民之难治，以其上之有为，是以难治。""损之又损，以至于无为，无为而无不为。"

今天的学校管理也有过度"有为"的一些做法。教师和学生是学校的主人，学校应该营造让师生潜心于学习、研究的环境氛围。学校对教师的管理和考评，应以教师的教学业绩作为重要的考核标准。

2019年12月，中共中央办公厅、国务院办公厅印发《关于减轻中小学教师负担进一步营造教育教学良好环境的若干意见》，旨在切实减轻中小学教师在教学以外的负担。在教育教学管理中，我们不能将教师特别是班主任，束缚在各种表格中，更不能将大量的非教学工作充斥校园，使教师疲于应付表格，而真正花在备课和研究教学上的时间却越来越少。

学校的管理可以尝试"无为而治"，即开学初明确学期教学计划、教学目标，然后以教师为主体根据计划推进教学，最后在学期末统一进行考核。在整个学期的管理过程中，学校可以听评课、教研活动等形式进行督查，充分调动教师的工作积极性，唤醒教师的自我管理意识，让教师把工作的重心真正放在教学研究上。

二、管理中的寻本溯源、大道自然

老子哲学的根本观念是天道。在春秋时期，古人把天看作有意志、有知识、能喜怒的主宰，而老子却提出了"天地不仁"的学说。他超前的思想打破了古人"天人同类"的谬说，为自然哲学奠定了基础。老子又在天地万物之外设立了一个"道"，并认为"道"无声、无形、有单独变化，在天地万物之中周行，是天地万物的本源。老子的这一思想奠定了东方哲学的基础，两千多年来，中国哲人在老子的思想影响下，从本源、根本上来思考问题，为后续自然哲学、实用哲学奠定了基础。

办好一所学校也应该如此。我们应该从"本源"上思考问题。一所好的学校，首先要有自己鲜明的学校文化，这文化就是学校可持续发展的"本源"；其次要围绕学校的基本文化来确定学校的育人目标、办学理念，并在此基础上进行课程开发、环境建设。

我校在建校之初就确定了"生态"二字为学校的办学宗旨，在此基础上确定了"让学习像呼吸一样自然"的育人目标。围绕"生态"二字，学校开发了"滇池·生态"课程体系，以培养"具有国际视野、生态理念，现代发展的人"。

三、小国寡民是管理的智慧

老子理想中的国度是一种"小国寡民"的制度，在他的理想中，人们的生活是"邻国相望，鸡狗之声相闻，民至老死，不相往来"。这个理想的国度是老子对小政府、轻徭役管理制度的一种构想。

2021年秋冬季节，疫情卷土重来。上海在疫情波及迪士尼乐园时，为全国抗疫做出了表率。面对园内2万多名游客，上海的反应极为迅速，也极有温度。它没有像某些地区动辄宣布进入战时状态，也没有为城市按下暂停键，而是继续开放乐园里的室外项目，并在天黑之后燃放烟火，供排队进行核酸检测的游客欣赏。许多人感慨，这是人生中最浪漫的一次核酸检测。面对突如其来的疫情，在上海市新闻发布会上，坐在最中间的不是领导，而是专业的医生。把专业的事情交给专业的人来做，不轻言封城，尽量不打扰人们正常的生活秩序，这就是"小国寡民"最好的管理体现。

作为学校的管理者，一定要清楚什么是自己该管的，什么是自己要放权的，在管理中分清轻重缓急，要事先办、特事特办，这样方能使一所学校有长远的发展力。

老子的思想对后世影响极为深远。今天，我们从许多影片中依然能看出西方人对东方哲学的迷恋源自老子的"论天道"。深入进行哲学研究，并将之运用到学校管理中，是新时代教育管理工作者的一项重要任务。让我们从中国古代先贤的哲学思想中汲取智慧，让教育管理更自然、更人性、更符合教育规律。

学校管理与教师自我管理的觉醒

一所学校的蓬勃发展离不开高效的管理。浙江宁波镇海中心学校校长吴国平在"我是怎样当校长的"专题讲座中提到，镇海中心学校的管理过程经历了"三严"管理、弹性管理和自觉管理三个阶段。这个管理过程反映了镇海中心学校教师自我管理、内动力觉醒的过程，是值得每一所追求现代化发展的学校学习借鉴的。

一、管理的目的是达成制度的共识

我们都知道这样一句话，学校管理要用制度管人，而非让人来管人。一所健康发展的学校应该有清晰的管理制度。这些工作制度应该包含财务管理制度、人事管理制度以及业务管理制度。而制度一定是在具体的工作流程中完善的。

教职工规模超过百人的学校，在管理过程中往往陷入这样一个困局，即各部门的工作相互推诿、普通教师疲于应付。以一个普通班主任为例，他每天可能面对来自各个部门不同的表格，这些表格要分别填写报送，甚至有班主任开玩笑地讲，连学校的保洁部门、保安部门都可以给班主任下发表格，并责令其按时上交，稍有瑕疵即通报处理。

这一方面是教师管理的交叉混乱，另一方面，普通教师想要完成一项工作的汇报就要面临反复推诿。

例如，班级中偶发学生不慎摔伤的事故时，教务部门要调查摔伤时间是在课上还是课下，如果在课下摔伤就不归教务部门管了。德育部门要调查是同学之间的事故还是意外事故，如果是意外事故就不归德育部门管了。安全部门又要调查是在校内发生还是在校外发生的事故，如果是在校外发生的事故就不归安全部门管了。如此一套流程下来，许多班主任无奈地选择自己开车把孩子送去医院，自己负责与家长沟通。这种情况的发生往往是因为学校管理部门职责划分过细，却没有一套行之有效的工作流程。

再如，学校财务管理制度的主要目的是做好风险内控，同时服务学校教育教学正常运转。财务工作隶属后勤分管，其制度如果凭空设想，就难免让各部门工作人员心生抵触和畏难情绪。他们会抱着这样一种心态：不花钱就能少做事，不报账就能不犯错。如果财务制度过于宽泛，没有具体的流程，又会使学校财务管理面临巨大的内控风险。

在财务管理方面，我校每学期都举办专项培训会，邀请会计师事务所的专业人员对内控风险、违纪案例进行专业培训。通过培训，与会人员对财务工作有了基本认识，同时对风险内控心生敬畏，明白了从基层做好报账工作的重要性，了解到每个人都是把控风险的重要屏障，在报账工作中要多问、多查、多看，做好风险内控。

二、管理的过程充满人文的温情

学校是与人打交道的地方，在与人打交道的地方除了要进行清晰、规范的制度化管理外，更应该让管理变得有温度，充满人文关怀。

随着"双减"政策的落地，教师在校工作时间被延长，这时学校应该尝试探索弹性坐班时间。教师首先是一个独立的自然人，也有自己的家庭生活，所以在建立健全制度，保障学校教职工大会、业务学习、教研的基本时间的情况下可以尝试探索教师弹性坐班制。

学校是一级组织，应该充满人文关怀。我校一名教师，是家中的独生女。2019年，她的母亲不幸罹患肝癌，在上海治疗期间父亲也因急性阑尾炎住院治疗。生活的重担一下子全部压在了这个二十几岁的年轻人身上，这时候学校给予了她在时间方面的诸多便利，在班主任管理工作和上班时间的要求上都做了弹性化处理。每当她谈起这段艰难的岁月，都会感激地说："是学校陪伴我撑过了那段最艰难的时光。"人文化的管理让教职工对集体、对组织产生了强烈的归属感和认同感。

三、管理是教师成长内动力的觉醒

教师的专业化发展是一所学校发展的关键所在，教师的专业水平是一所学校办学水平的核心要素。

学校管理的最终目的是唤醒教师专业成长的自觉。一所学校应该是一个生态系统，教师、学生都能在这个生态系统中找到自己的生态位，找到自己的生态发展点。

2019年，我校响应省教育厅"三区三州"对口帮扶计划，每学期都会派出一名教师到迪庆州维西县进行换岗交流。几个学期下来反响巨大，我校不仅受到对口帮扶学校的一致好评，而且换岗教师到了另一所学校、另一个民族地区后，对自己学校产生了高度的认同感，实现了自我成长内动力的觉醒。

由于学校强大的支持，每一位换岗教师到了迪庆州之后都会针对学校的管理经验、教学理念、办学理念毫无保留地与帮扶学校进行交流分享。在这个过程中，教师更为深刻地认识、理解了学校的办学理念，同时对学校的办学理念产生了一种强烈的认同感和传播使命感。

我校数学教师龚秋荣在迪庆州换岗支教期间，将我校"生态数学课堂观测法"带到了帮扶学校，还利用课余时间教迪庆州的孩子们做我校的武术操。王红利老师在他对口的帮扶学校传播生态教学理念，并发挥自己的专长，在一个学期之内为对口帮扶学校建起了一只声势浩大的鼓号队。

因为这些换岗教师的影响，维西县各学校纷纷表示想来我校进行实地参观，跟岗交流。这些参观跟岗教师的到来，又为我校教师提供了成长平台，教师们纷纷开放自己的课堂，毫无保留地在教学研讨中交流分享。在这个过程中，两个地区的文化碰撞、教学思想碰撞不但让我们的教师对教育教学有了自己更深入的思考，更让他们在这种交流碰撞中认同学校的文化理念。教师们对学校的定位更加清晰，对自己在学校的身份更为认同。

学校管理是一门精细化、人文化的科学，它的核心是关注人的发展。学校应该致力于教师专业化成长平台的搭建，并不断寻找可以促进教师专业成长的契机，形成以一个人带动一群人健康发展的合力。

明德之师，明日之师，明志之师

国将兴，必重师而贵傅。2019年，中共中央、国务院先后出台了《关于全面深化新时代教师队伍建设改革的意见》和《关于深化教育教学改革全面提高义务教育质量的意见》。党和国家把教师队伍建设提到了一个极为重要的战略地位，只有强师，才能兴教。习近平总书记说："一个人遇到好老师是人生的幸运，一个学校拥有好老师是学校的光荣，一个民族源源不断地涌现一批又一批好老师是民族的希望。"教师，正在成为现代化教育的第一推动力，正在成为落实立德树人根本任务的第一资源。新时代、新形势需要明德之师、明日之师、明志之师。

一、明德之师

"大学之道，在明明德，在亲民，在止于至善。"无论时代如何变迁，教师成长都永远以师德为先。

1. 做信念坚定的明德之师

于漪老师认为："教师心中要有共产主义旗帜飘扬，对党对社会主义要满腔热情满腔爱。"作为基础教育小学阶段的语文教师，在任何情况下都应该坚守立德树人的根本任务，以朝气蓬勃的亲和力来感染带动学生，增强学生的文化自信，引导学生热爱母语，掌握语文学习的要素和规律。

2. 做人格高尚的明德之师

教育的本质是育人。教师的人格魅力深深影响着学生的发展。人格魅力来源于品德崇高、学识渊博。语文教师要做到手里拿的是语文课本，口中讲的是课文延伸的大千世界，眼中看到的是学生一生的发展，心中牵挂的是祖国民族的未来。身在课堂，身系育人，心怀仁爱，有教无类，方为明德之师。

二、明日之师

《中国教育现代化2035》，是我国加快教育现代化的重要举措。而今我们正在课堂上培养的人，正是2035年、2049年实现教育现代化、实现中华民族伟大复兴的建设者。我们要以时代发展的眼光看教育，培养学生终身学习的能力，成为学习项目的设计者，建设明天的创新发展之路，培育未来的科教强国之本。

于漪老师认为："教育效果往往是相对滞后的，因此教育必须克服浮躁，要有前瞻和远见，要用明天建设者的要求指导今天的教育。"

在小学语文课堂上，教师要潜心研究学生、研究教材、研究教法，精心设计学习过程，让学生掌握必备的语文能力的同时热爱母语学习，让母语文化的根深深植于儿童心中，成为他们一生学习的源动力；要营造良好的阅读氛围，还语文教学以良好的生态。

三、明志之师

师者，应心怀志向。这个志向应该与实现中华民族伟大复兴的中国梦相统一，成为中国教师的教育梦。"我将无我，不负教育"这句话正是对教育梦最具情怀的表达。"无我"不是一个专指奉献的名词，而是指处于无我之境，将自身投入时代滚滚发展的洪流中，寻找自我定位，最终成就自身的过程。这个过程就是逐梦的过程，也是重筑新时代教育生态的过程。从来没有一个职业像教师这样，一手牵着学生的现在，一肩挑着民族的未来。

中国教育的根基在教师，教师发展的根基在课堂，而课堂研究的根基在广大的农村基础教育学校。我曾去过云南多个边疆地州，在边疆迪庆的雪域高原，一所学校内十几个民族的学生混居在一起，他们对拿到统编新教材无比期待。那里的少数民族教师交通不便、培训机会少，他们期待"教学评一致性"的课堂指导。因此，帮扶他们就是重筑教育生态，就是在无我中成就自我的逐梦过程。

我将无我，潜心育人；我将无我，坚守信念；我将无我，共筑生态；我将无我，不负教育、不负家国、不负此生。

做有温情的教师

在《国史大纲》一书中钱穆先生告诉世人，凡我国人应当对本国历史抱有温情与敬意。当时读到此句，只感觉钱穆先生心怀悲悯，以救国为志做中国通史的悲壮。走入西南联大博物馆参观后，我才对这句话有了更为深刻的理解和认识。烽火连三月，学子入滇南。他们心怀火种，跋山涉水，共赴国难。参观之后我不禁被西南联大在烽火年代刚毅坚卓的精神所感动，也被云南师范大学保留这段历史，不忘校史传承的温情和敬意所折服。

一、教师应该对自己学校的建校史充满温情

在上海市青浦区的朱家角古镇里有这样一所小学，它的前身是分别建校于1908年和1909年的云辉初等小学堂和一隅小学堂。2016年，朱家角小学校长吴根华出版专著《芸辉一隅》。

这所小学根据所处朱家角古镇的地域特色，结合学校的建校史提出了"课读之余，不忘耕植"，并由此提炼出学校的"课植"文化。

学校组织师生开展实践活动，走访了学校建校以来的多位毕业学生，其中不乏白发苍苍的老人。视频中，他们依然能唱出当年芸辉初级小学堂

的校歌，那场景着实让人感动。

在今天这个稍显浮躁的时代，各种教育APP、现代信息技术充斥着课堂。一所小学能这样静下心来梳理自己的建校史，并在学校的历史中提炼出"课植"文化，实在是值得尊敬的。

我认为，一名教师从走上岗位后，首先要做的就是了解自己学校的建校史，认同学校的文化理念。学校是一个教学团队，独行快而众行远。学校想得到长足的发展，不能依靠教师个人的能力，而应该凝聚所有教师的力量。而在学校的校本培训中，没有什么比认同学校文化理念、了解学校建校史更能产生这种凝聚力的了。

二、教师应该对中华人民共和国成立后的教育史报以温情

中华人民共和国成立70多年来，特别是改革开放40多年来，中国的腾飞世界瞩目，中国教育人在国家擘画的发展蓝图上添上了浓墨重彩的一笔。

2018年12月，在我国庆祝改革开放40周年的直播中，镜头缓缓扫过，一位面带微笑的、挥手示意的老人出现在人们面前，岁月在她的脸上刻上了皱纹，但她风采依旧，一如1977年她出现在电视直播中，讲着一堂名为"海燕"的语文课，笑容明媚。她就是人民教育家、著名特级教师于漪老师。

今天人们都在抨击基础教育只重视智育而不重视全面育人，大有将智育妖魔化的倾向。实际上于漪老师早在20世纪80年代就已经表示过担忧，即基础教育只育分数不育人。她说："我当一辈子教师，最忧心的是只看到技能技巧，育分不育人，求学不读书。这是对孩子的坑害。教育是什么，教育就是培养人，有时候我们就是把'人'忘掉了，只看到分数，看到技术技能。知识、技能技巧只是攀登精神世界的阶梯，不是终结的目的，终结的目的是人。"

改革开放的40多年是波澜壮阔的40多年。基础教育在提升国民素质中

起到了中流砥柱的作用。然而在这个过程中，片面化地只重视分数，过度强调知识传授的观念也确实存在。今天，时代要求我们比以往更注重全面育人。我们不应抱着一种把过去全部推翻的虚无主义，而应该正视新中国基础教育的发展史，落实立德树人根本任务，为党育人、为国育才。

教育从来不需要推倒重建，而需要添砖加瓦。

好老师的三重境界

　　什么是好老师？这个问题，相信每个人心中的答案都不一样，但无外乎围绕着"奉献""爱心""热爱"这几个重点词语。聆听了著名教育专家李镇西老师的"好的教育好的老师"专题报告后，我对这个问题产生了新的认识与思考。

一、默默奉献，人类灵魂的工程师

　　我要谈论的第一种好老师是这样一个群体：他们扎根教育岗位，默默奉献，教书育人；他们传道、授业、解惑，对学生富有爱心，有教无类。

　　在云南的大山深处，有许多这样的老师。为了控辍保学，他们翻山越岭，一家一家地做工作，把学生一个一个地领回来。他们在一师一校的地方默默坚守，一守就是一生。

　　曾经听红河州金平县的老师讲到这样一个小村庄：每年期末考试时都要由他们学校唯一的老师，翻山越岭、蹚过河流，到镇上的中心校领取试卷。为了在过河时不让河水打湿试卷，他需要将试卷用几层塑料袋封装，揣在怀里，带回村庄组织孩子们进行考试。每次领取试卷，他的全身都会湿透，而唯一温暖干燥的就是那卷试题。

他们一直都是这样默默无闻，可能一生都没有在重大场合上过一节公开课，更没有一篇论文收录在杂志期刊上，然而正是这群人的默默地坚守，撑起了边疆教育。他们是当之无愧的人类灵魂的工程师。

二、满腔热爱，人生路上的引路人

李镇西老师谈到了教师的五种境界，谈到他自己属于第五种——热爱型。因为对教育的热爱，他觉得教育是可以为之奋斗终身的事情，很好玩，很有成就感。

在他的学校里，教育没有功利，学生不分等级，有的只是为之奋斗终身的教育尊严和求索精神。在他眼里，每一个孩子都那么可爱，每一个孩子都那么个性鲜明，他们中有很多成长为著名的足球教练、作曲家、工程人员，他总是发自内心地赞叹："我的孩子都这么成功！"

正是因为热爱，这种教师身上会有强烈的创新精神、精湛的教学技法，他们的课堂幽默风趣，充满着鼓励与启发。

著名画家、云南省美术馆馆长罗江先生在一次讲话中提到他因小学美术课上得到99分而爱上绘画的故事。罗江先生出生在云南一个偏僻的山区，小时候学校里只有一位美术老师，孩子们缺少画笔和颜料，美术老师就带着孩子们做简单的绘画创作。一次提交美术作业时，老师给他打了99分，这让他倍受鼓舞，从此爱上了美术，并逐渐成长为一位云南省本土艺术家。

在面对台下的众多中小学校长时，罗江先生动情地表示，希望老师们多给孩子们打99分，多给孩子们打高分，让孩子们走上艺术的道路。

一位好教师会用自己的热爱带动孩子的热爱，他的教学是一门艺术，会潜移默化地为孩子的人生之路点亮明灯，成为他们一生最重要的引路人。

三、心怀悲悯，改变命运的活菩萨

如果说前两种教师是一腔赤诚、充满智慧的好教师，那么还有这样一种老师，他们心怀悲悯、大爱无疆。张桂梅就是其中的一位杰出代表，她被誉为"改变一群女童命运的活菩萨"。

做教育对于张桂梅来讲是一种执念。她创办了华坪女子高中，每天早上5点多，女孩子们就要在她的督促下早起晨读，她反复带领孩子们刷高考题，立志把孩子们都送进一本、送进重点本科。当下，仿佛没有一个人对张桂梅老师的这些做法提出所谓的"只重智育，轻全面发展"的异义。

教育应该以人为本。真正的好老师应该站在学生的角度看待教育。没有真正的、绝对的好教育，也没有绝对的、所谓的坏教育，有的只是"适合"的教育。

一个心怀悲悯的好老师，能够看到学生所处的困境，并帮他们铺设一条光明之路。如果没有张桂梅，华坪女子高中里的许多女孩子是没有机会靠着"静待花开"这样一个美好的成语就能成长为一名飞行员、一名作曲家的。在她们身上，"智育"二字绝非妖魔，"分数"二字也确实能改变命运。

古往今来，多少教育家在全面育人、以人为本的教育论述上，留下了光辉而灿烂的一笔。然而只有一人——张桂梅老师，为女孩的教育公平、为女性素质的提高，单枪匹马立下汗马功劳。也许张桂梅老师不是一位著作等身的教育专家，但她一定是一座前无古人的教育丰碑。

华坪女子高中没有诞生一个华丽的教育故事，没有产生一种创新式的教学方法，然而，一个真正心怀悲悯的好老师，不会在乎世人怎样说，不会在乎时代怎样变，而在乎坚守初心，坚守执念。

学习"双减"政策，提升教学质量

"双减"政策的实施减轻了学生过重的课业负担，却给许多一线教师带来了一些迷茫。面对"双减"政策对家庭作业量的严控，如何保证学生的学习质量，成了许多一线教师颇为不解和头疼的事情。华东师范大学吴遵民教授在《如何在"双减"背景下做一名有情怀的好老师》专题报告中，向教师们详细阐述了"双减"政策为什么势在必行。

一、资本裹挟教育会带来严重的后果

"双减"政策的落地，实际对应的是当前教育严重的内卷现象。一方面，内卷体现在学校作业布置得过多。有许多初中生每天被迫写作业到凌晨，这严重阻碍了学生身体的健康成长。另一方面，这股内卷之风已经演变到"超前学习"的地步。许多校外培训机构如雨后春笋，纷纷裹挟资本上市。这些培训机构不仅仅是帮助学生完成家庭作业这么简单，而是带领学生进行大量的提前学习。由于资本的介入，大量非师范生涌入培训机构，他们在教学中不考虑教材的编写特点，也不考虑学生的年龄特点，一味地用"短平快"的方式进行知识传播。在这些培训机构的课堂上，知识点的讲授没有学科知识的关联、没有学科性质的挖掘，有的只是频繁的奖励刺激、吸睛的视频播放……一切以学生的"超前学习"为基本目的。

这样的培训机构，裹挟的不仅仅是家长的钱包，更是公办学校的课堂教学。如果教师走上讲台时，发现班级大部分学生已经在这样的培训机构将"干燥"的知识点提炼出来了，强化训练过了，那么我们的课堂教学将被迫走向何方呢？长此以往，我们教育出来的学生不是具有学科关键能力和必备素养的人，而是一个个漠视生命、毫无情感的刷题机器。一旦离开了声光电和物质奖励的刺激，我们没有办法提升这些学生的学习兴趣。

"双减"政策的出台打击了校外培训机构，也可以说是在与资本争夺下一代的教育权。

二、"双减"政策下的课堂转变

"双减"政策势在必行，我们的课堂教学必须随之发生变化。上文中提到的因"双减"政策而产生迷茫的教师，往往是学校里教学业绩比较好的教师，为什么这部分教师会因为家庭作业的减少而感到格外迷茫呢？原因不外乎他们以往的课堂教学模式受到了"双减"政策的严重打击。

在"双减"政策实施前，这部分教师过度依赖家庭作业，把大量的教学内容融入家庭作业，家长的配合程度往往关乎着这个班级的教学质量。"双减"政策的实施使这部分教师被迫改变已经形成多年的教学模式，自然会有许多不适应。

在课堂教学中，我们要让这部分教师清晰地认识到教师的讲授与提升学生的学习质量并没有直接关系，学生学习质量提升的根本原因在于"教"和"学"的双边化活动。因此，教师在课堂上一定要做到讲练结合，既有教师的讲授时间，又有学生的动手实操时间。学生的学习过程应该从原来的被动接受学习—完成指定练习，转变为课前预习—课上质疑—答疑解惑—总结梳理—练习巩固的完整的学习流程。

让学生经历完整的学习流程，会使学习真正发生，也就能够提升学生的学习质量，这对教师的备课提出了更高的要求。在课前，教师要利用"学习任务"让学生掌握预习的方法，养成预习的习惯。预习是至关重要的自主学习环节。对于新知识的教学，教师应该从多条路径入手，课堂小结、课后练习，都应该指向这一课的知识点。这样的课堂重点清晰，指向明确，不再是为了讲授而讲授。

三、新型师生关系的建构

亲其师才能信其道。在"双减"政策背景下，教师如果没有绝对的把握提高自己课堂的精彩程度，那么至少要有绝对的把握建立良好的师生关系。建立这种良好师生关系的最简单的做法就是教师和学生迅速地相互适应。

教师在进行新课教学时，不要把知识点搞得奇货可居、云里雾里，而是尽可能地让学生了解、熟知自己的教学步骤和学习流程。

对于语文课的教学，教师要善于发现统编教材的编写特点。其中的一个特点是有非常完善的助学系统，在教学中，教师要不断引导学生关注这些"泡泡""提示语""单元导语页"等。在每个单元、每节课的学习前教师要让学生清晰本单元、本节课的学习目标，并根据学习提示，初步了解该用怎样的方法进行学习。

对于理科教学，如数学、科学等学科，教师要善于让学生学会这些学科的语言密码。科学学习的密码就是通过观察、记录、发现得出结论；小学数学课中解决问题的线段图就是要让学生清晰地了解"数形结合"，认识到数学是一种具有逻辑美的、高级的语言表达方式。

"双减"政策让教育回归到最本源的样子，让课堂模式回归到学习最真实的样子，让师生关系回归到最纯真的样子。教师要以正确积极的心态去认识"双减"政策、落实"双减"政策，让教育回归正轨，让教学质量稳步提升。

师者之师的启示

　　为促进青年教师的专业成长，学校开展了师徒结对活动。在师徒结对大会上，学校要求我代表师傅发言。我为此踌躇了好久，因为没有一个明确的思路，不知道该在大会上讲些什么，如果只是泛泛地谈"一定当好师傅，不负学校厚望"之类的话语，总觉得缺少点什么。

　　毋庸置疑，在我教师专业成长的道路上，师傅是领我进门的那个人。随着教龄的增长，我也渐渐在学校里成了师傅，我开始思考，这些年来，在当师傅的时候究竟带给了年轻人什么？秉承了什么？又坚守了什么？沿着这样的思路，我试图根据自己的成长之路确定几位具有代表性的师傅，并试图在他们身上找到启示。

一、启蒙之师

　　1998年，我手持教育局的派遣证来到了内蒙古赤峰市红山区第四小学，那是一个坐落在半山坡上的小学校，全校仅有32名教职工。这所学校教师的年龄结构是不合理的，临近退休的教师有十多位。我成了学校里仅有的年轻教师。于是，集全校之力培养我这个年轻教师，就迅速成了全校的共识。每天的课堂必有一位学校管理者来听课，可能是教务处的主任，可能是分管教学的副校长，也可能是大队辅导员……

当时我每天都高度紧张，因为我可以确定，第二天早上教室里一定会有人坐在后面听课。为了防止在讲课中露怯，我只好在头一天晚上拼命地写教案，常常写到凌晨，边哭边写，不敢有丝毫懈怠。

现在回想起来，依然觉得那段时光好苦啊，然而我不得不承认，正是学校集全校之力每天不间断地听我的课，才使我养成了不敢在课堂上有丝毫懈怠的习惯。我不敢在课堂上讲任何一句废话，也不敢随便无准备地走进课堂。回想起那段时光，那个小山坡上的小学校的每一位听过我课的人都是我的老师，是他们引领我走上了规范教学之路，他们是我的启蒙之师。

二、授业之师

随着教学水平的日渐提高，我成了区里重点培养的青年教师。负责培养我的是红山区教研与培训中心的教研员何菊老师。何老师说话做事风风火火，尤其是对课堂打磨几乎到了痴迷的地步，常常为了一个环节废寝忘食，带着我们反复磨课。

我清楚地记得那是在区级教研公开课的前一个晚上，我和何老师依然在她的办公室里反复试讲，当我们终于把教学设计整理通顺时，已经是夜里9点多了。当我们走下楼时，才惊讶地发现外边的积雪已经足足有一尺多厚。我不好意思地对她说："何老师，耽误您下班了，我们两个打车回家吧。"

哪知何老师嗔怪道："打什么车，这样的雪天司机一定会加收钱的，别浪费钱了。走，我们两个推着自行车，一边走一边说教案。"深冬的内蒙古寒风刺骨，我就在那个风雪夜里与何老师一人推着一辆自行车，在雪地里深一脚浅一脚地向前行走。昏暗的路灯拉长了我们的影子，冻出来的眼泪在脸上凝成了霜花。但是，在大雪纷飞中，我们的一次次对话却凝结成了课堂上的精彩瞬间。何老师精益求精的课堂追求，深深地影响着我。她，是我的授业之师。

三、引路之师

后来我因工作调动来到了昆明，遇到了我的另一位师傅——著名特级教师唐朝霞老师。在与师傅共同备课的过程中，唐老师总是提醒我：语文课，要未成曲调先有情。当我们在备课中出现意见分歧时，唐老师总是尊重地询问我的意见："小隋你觉得这样可以吗？要按照自己的想法来，不要迷信权威。"

她总是鼓励我要大胆坚持自己的想法，不要轻易被旁人左右。在她的鼓励下，我慢慢尝试提出自己对教学的理解，每当我大胆表达出自己的教学主张时，她总是在一旁微笑着为我竖起大拇指。

唐老师不同于我生命中的任何一个师傅，她从不把自己对教学的理解强加于人，却总是唤醒我在教学实际中对教育的思考。她说："教育就是用生命去唤醒生命，用一朵云去推动另一朵云。"在她的引领下，我明白了教学是思维碰撞的艺术，课堂是生命互动的交响。

在唐老师的引导下，我提出了自己的教学主张——让语文课成为儿童的生命发现之旅，提炼出了自己的教育思想——在生活中发现，在发现里生长。唐老师不仅是我的传道、授业之师，而且是我生命中的引路人，她就像一座灯塔，在前方为我指引方向，就像阵阵春风为我鼓起前进的风帆。

于是，我想在师徒结对大会上，对所有的青年教师提及这些教师。人的一生需要一位启蒙之师，需要一位授业之师，更需要一位引路之师。我愿成为这样的教师，甘为人梯，让更多的青年教师因我的存在而步入专业化发展的快行道。

"课程"在拉丁语中译为"跑道",是助力儿童成长的有效路径。一所学校应该是课程生发的地方,而课程育人的阵地在课堂。

　·一堂真正的好课,应该是关注儿童身心发展的,应该是关注儿童已有经验的,应该是助力儿童踏上"生命发现之旅"的。

绘声绘色演说课

"秀出民族服饰美"课程图纸

一、课程背景

2015年1月19日至21日，习近平总书记在云南调研时指出："希望云南主动服务和融入国家发展战略，闯出一条跨越式发展的路子来，努力成为民族团结进步示范区、生态文明建设排头兵、面向南亚的东南亚的辐射中心，谱写好中国梦的云南篇章。"

昆明市滇池度假区实验学校地处滇池之滨，毗邻云南民族村，学校教育的定位是在课程开发与实施中践行民族团结教育，实现生态文明发展。我校从2016年起就建构了滇池课程体系，旨在以滇池为元素补充和统整国家、地方、校本课程，通过"生态实施"的策略培养爱滇池、懂滇池，具有滇池情怀的人。

学校周边有云南民族村、云南省民族博物馆等资源，组建少数民族服饰小模特队可以整合民族常识、民族历史、民族变迁与融合、艺术与审美、形体训练与舞台表现等教学内容，实现在研究性学习中全面育人。

二、课程特色

（1）以滇池为元素，做课程统整，使课程更加多元化。

（2）以民族服饰的研究设计为项目，进行项目化的研究性学习，让学生自主学习、主动参与。

（3）以模特节目展演活动为载体，提升学生的学习自信，实现成果输出。

三、课程目标（见表1）

表1　"民族服饰小模特"课程目标

小模特服饰展示	五个维度具体目标
	文化信念： （1）学习少数民族服饰文化，树立民族文化自信； （2）植根民族团结教育，促进生态共融发展
	技能提升： （1）训练良好的形体、仪态； （2）扎实模特步、亮相等模特基本功； （3）在模特基础上，加入少数民族歌舞元素，训练歌唱、舞蹈技能； （4）以滇池为元素，排演校歌、朗诵相关诗歌，训练朗诵技能

续 表

小模特服饰展示	五个维度具体目标
	成果输出： （1）设计定做云南少数民族服饰，开展民族模特队民族服装展示活动； （2）以滇池为元素，开展以校歌、《大观楼长联》等为内容的歌舞、朗诵展演等活动
	人文探究： （1）以民族服饰展示为载体，了解云南少数民族文化； （2）以歌舞、朗诵为载体，了解滇池文化
	生态发展： （1）整合社区资源，开展社区课程、博物馆课程，参观云南省博物馆，了解滇池流域的历史变迁、文化发展； （2）参观民族博物馆，了解云南少数民族文化、服饰、习俗，将滇池元素融入模特表演、歌舞、朗诵中，内化为学生的文化理解； （3）排演儿童歌舞剧《绿色的节日》，以布依族儿童生活为创作蓝本，宣传生态理念

本课程旨在通过滇池文化学习、民族团结教育以及节目成果展演等形式，落实立德树人的课程总目标，确定了文化信念、技能提升、成果输出、人文探究、生态发展五个维度的课程目标。

1. 文化信念

（1）学习少数民族服饰文化，树立民族文化自信。

（2）植根民族团结教育，促进生态共融发展。

2. 技能提升

（1）训练良好的形体、仪态。

（2）扎实模特步、亮相等模特基本功。

（3）在模特基础上，加入少数民族歌舞元素，训练歌唱、舞蹈技能。

（4）以滇池为元素，排演校歌、朗诵相关诗歌，训练朗诵技能。

3. 成果输出

（1）设计定做云南少数民族服饰，开展民族模特队民族服装展示活动。

（2）以滇池为元素，开展以校歌、《大观楼长联》等为内容的歌舞、朗诵展演等活动。

4. 人文探究

（1）以民族服饰展示为载体，了解云南少数民族文化。

（2）以歌舞、朗诵为载体，了解滇池文化。

5. 生态发展

（1）整合社区资源，开展社区课程、博物馆课程，参观云南省博物馆，了解滇池流域的历史变迁、文化发展。

（2）参观民族博物馆，了解云南少数民族文化、服饰、习俗，将滇池元素融入模特表演、歌舞、朗诵中，内化为学生的文化理解。

（3）排演儿童歌舞剧《绿色的节日》，以布依族儿童生活为创作蓝本，宣传生态理念。

四、课程内容

本课程的实施以模块化的形式展开，每个模块有对应的课程目标。在教学中，各模块可以随时进行交互、调整。本课程共分为四个模块。

模块一：基本功训练

（1）形体仪态训练。

（2）模特步、亮相、队列训练。

（3）朗诵基本技能训练。

（4）歌舞表演训练。

（5）歌舞剧表演训练。

模块二：研究性学习

（1）我是小小设计师。

①参观民族博物馆服饰展，认识民族图腾与云南省少数民族迁徙过程。

②设计民族服饰草图。

（2）看九夏芙蓉，赏三春杨柳。

①游大观楼，讲滇池故事。

②学习《大观楼长联》。

③排演《大观楼长联》。

模块三：生态化综合实践

（1）参观博物馆，了解历史与文化。

①认识滇池流域历史发展。

②了解云南少数民族文化。

（2）服装设计知多少。

①了解26套服装的功能与设计理念，认识常服、祭祀服、节庆服、婚礼服等。

②制作服装介绍卡。

模块四：展演实践活动

（1）参加学校六一儿童节文艺节目排演。

（2）参加度假区"夏日童话"文艺节目排演。

（3）排演儿童歌舞剧《绿色的节日》。

（4）参与拍摄学校十周年宣传片。

五、课程实施

1. 课程实施背景

学校以儿童为本，设计适合一至三年级学生年龄特点的模特训练、展演方面的教学内容；课程多样化，以综合实践活动、研究性学习、PBL项目化学习的方式开展民族文化、滇池文化的研学之旅；文化多元化依托我校滇池生态课程体系，以云南少数民族服饰为载体，将云南少数民族文化与滇池文化内化成孩子的生态素养，以少数民族模特队的形式外化成展现形式。

2. 课程实施手段

学校组建民族服饰小模特队，让学生学习文化、训练技能，组织成果展演。

模特队以云南少数民族文化、服饰及模特基本功训练为主要授课内容，开展研究性学习和综合实践活动以及项目化学习，经系统训练后进行成果展演。

3. 课程实施方法

教师采用参与法、分组教学法、调查法、实景模拟教学法、合作探究法等，以多样、灵活的教学方式进行人文课和实训课的教学。

4. 课程实施途径

（1）整体设计，时间、经费有保障。

① 时间保障：模特队保证每周一节的固定课时，统一授课，进行少数

民族文化讲解，开展模特形体、基本步法等训练。

②经费和硬件保障：经过前期的考察、培训，模特队设计并定做26套民族服饰，建设模特训练教室，为排练民族服饰模特展演提供专业场地和服装。

（2）分步实施，每个学期有主题。

①学校每学期安排一次主题式研究性学习：考察民族服饰、博物馆课程。带领模特队到民族博物馆参观考察少数民族服饰展，了解少数民族的习俗和文化，对各民族服饰有初步了解；到云南省博物馆了解云南的历史变迁和发展，了解滇池流域的历史文化背景，结合历史进一步了解云南文化、滇池文化。

②以活动为载体，以比赛促训练：少数民族模特队积极参加学校的每一次文艺展演活动及各级各类比赛，在活动、比赛中亮相，激励孩子们积极训练，弘扬云南少数民族文化。

（3）循环教学，由少至多生态发展。

教学内容确定下来后，形成正式课程，纳入学校课程体系。学校每学年固定在二年级学生中选拔模特队队员，队内完成新老交替，老队员带动新队员，校内外展演相结合，实现模特队循环生态发展。

（4）以点带面，提升社区影响力。

学校整合社区资源，充分利用自身区域优势，开展博物馆课程及实地调研课程，为学生的学习成长提供更广阔的空间。

（5）课程实施的必备条件。

学校提供经费保障，制作或购买服装；提供课时保障，将固定课时与研究性学习相结合；提供师资保障，训练学生形体、仪态、基本步伐，带领学生初步了解云南省少数民族文化。授课教师应为音乐教师和语文教师的组合，音乐教师具备舞蹈基本技能，会剪辑音乐，语文教师具有带领学生进行研究性学习的能力。

5. 课程实施过程

第一步：调研准备，分析课程设置背景。

第二步：拟定课程名称和目标，提交学校决策。学校拟定课程名称和课程目标，提交学校行政办公会决策，并将课程纳入学校课程体系。学校组建教师队伍，在全校学生中选拔有一定模特基础或条件合适的学生，经初选和试课后确定少数民族模特队队员。

第三步：分组训练，开展研究性学习。教师综合考察队员的基础、条件、能力，将其分成小组，采取分组针对性训练和统一集中训练相结合的方式，对学生的模特基本功进行训练；开展研究性学习，以集中授课、博物馆参观等方式进行人文知识的教学。

第四步：整合学习成果，设计定制服装。经过阶段性训练，学生已基本掌握了模特基本步法、亮相等技巧，并对云南少数民族文化及服饰有所了解；模特队给每个队员量身定做少数民族服饰，并排演展示队形。

第五步：成果展演，建设专用教室，打造课程文化。在学校各项活动及各类比赛中，模特队展演少数民族服饰，并在学校支持下建设模特教室，包括T台、落地镜、服装展示架、民族文化墙等设施，打造课程文化。

六、课程开发流程（见图1）

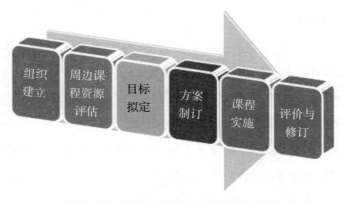

图1　"民族服饰小模特"课程开发流程

1. 组织建立

经学校行政办公会会议通过，制订学期工作计划大纲，正式确定由课程管理中心组建民族服饰模特队，并作为校本课程实施。

2. 周边课程资源评估

课程实施人员实地考察云南民族村、云南省民族博物馆，确定合作方式。

3. 目标拟定

课程实施人员学习"PBL教学法"，了解项目化学习，拟定五个维度的课程目标。

4. 方案制订

课程实施人员确定教学模块，制订课程实施方案。

5. 课程实施

课程实施人员以校本选修课的形式，每周开展"生态实施"，并根据实际情况对教学模块进行交互、整合。

6. 评价与修订

（相关内容略）

七、课程成效

（1）本课程丰富了学校校本课程建设，激发了学生对民族文化、滇池文化的学习兴趣。

（2）本课程传播了民族文化，在小学生心中树立了民族文化自信，推动了学校民族团结教育。

（3）少数民族模特队在学校、区级的舞台上展示民族服饰，以布依族儿童生活为主题，排演了儿童歌舞剧《绿色的节日》。

（4）少数民族模特队参与了学校十周年宣传片拍摄，到滇池边进行《大观楼长联》朗诵和少数民族服装展示。

（5）通过本课程的实施，学校建设了民族服饰陈列室。

八、课程评价

本课程评价将过程性评价和个性化评价相结合，以学习品质、艺术表现和生态发展为评价的三个要素，分为ABCDE五个等级，其中E级为不合格，主要考查内容及其占比如下：

（1）每周的固定课时出勤率占比10%。

（2）参观博物馆、外出展演、实践性学习等活动的纪律占比10%。

（3）日常训练中的表现占比60%。

（4）个人在各级模特比赛、文艺比赛中获得的荣誉占比10%。

（5）参加各级、各类节目展演活动占比10%。

（本文于2020年5月6日发表在《中国教师报》上）

建设生态阅读场

　　《全日制义务教育语文课程标准（2011年版）》对小学阶段课外阅读总量的要求为：第一学段（小学一、二年级）不少于5万字，第二学段（小学三、四年级）不少于40万字，第三学段（小学五、六年级）不少于100万字。学校于2017年开展了生态阅读课程探索，即家长走进图书馆和孩子共读一本书，每人每天至少阅读40分钟，完成一本生态阅读成长记录。

一、课程背景

　　阅读是语文学习之源，当今社会重视阅读，各种书店、书吧、阅读辅导机构层出不穷。这些机构的出现在一定程度上起到了阅读推广的作用，但就课程标准中提出的阅读量的要求而言，仍有大部分地区难以达到，同时这些机构在儿童阅读中的读物选择、阅读方式、阅读习惯等方面的推动力度不大。

　　生态阅读是指在学校教育中，以课程的形式培养学生正确的阅读方式、阅读习惯，让学生学会选择读物，同时构建家校共读模式，让阅读不仅仅是学校教育的事，不仅仅是语文老师的事，营造家庭、家校阅读氛围，从而促进学生的全面发展。

二、课程目标

学校旨在通过本课程的实施，培养学生良好的阅读习惯，引导学生对阅读保持浓厚的兴趣，使学生初步具备选择阅读材料的鉴别能力，提升学生的阅读速度，提高学生捕捉、收集、处理阅读信息的能力，建构家校共读的生态阅读模式，营造家校阅读氛围。

三、课程内容

第一章　打开阅读大门

第一节　你都认识哪些作家

一、安徒生童话奖

二、曹文轩与克里斯蒂娜·纽斯特林格

第二节　看看这些书有什么区别

一、绘本阅读

二、儿童文学阅读

第二章　一起读书吧

第一节　曹文轩和他的草房子

一、认识曹文轩的童年

二、桑桑的成长

第二节　《弗朗兹的故事》

一、什么是成长的烦恼

二、战胜烦恼分几步

三、更多的弗朗兹

第三节　他们是怎样记录故事的

一、对比桑桑和弗朗兹

二、曹文轩讲座与克里斯蒂娜写给中国孩子的信

四、课程实施

1. 时间保障

学校高效利用校园图书馆，保证每班每周进馆一次，每次40分钟；以班级为单位开展图书漂流活动，同时在校园内设置流动书吧，保证学生每日阅读时间不少于40分钟；开放校园图书馆，学生放学后可随时进馆，家长来接时，鼓励家长与孩子共同在馆内阅读，建设每人每天至少阅读40分钟的1140家校共读阅读工程。

2. 课程实践

教师开发整本书阅读导读课、整本书阅读推进课、整本书阅读分享课、群文阅读信息处理课、群文阅读语言规律课等课堂教学形式，激发学生的阅读兴趣，唤醒学生的阅读期待，逐渐养成学生的阅读习惯；以阅读记录卡、记录本，阅读数字化记录卡等辅助手段，点滴记录，积少成多，形成生态阅读成长记录。

3. 阅读鉴赏

教师让学生了解文学基本常识，认识国内外知名文学奖，整理小学生阅读目录；通过作家见面会、家长培训会逐步培养学生的文学鉴赏力，引导家庭学会选择适合小学生的读物，形成家校生态共读氛围。

4. 活动保障

学校每学期至少组织一次与课外阅读相关的推广活动，如区内校际联动的名著导读实践活动，阅读回音壁——家长进校做阅读分享活动，我为学校选好书——节假日走进新华书店，走进作家——请儿童文学作家进校园做讲座等。这些活动的开展将阅读的空间由学校延伸至家庭和社会，将阅读的外延由书本引向了生活。

五、课程评价

本课程评价将过程性评价和发展性评价相结合，以兴趣为先、重视积累、习惯养成为评价的三大准则。评价分为ABCDE五个等级，其中E级为不合格，主要考查内容及其占比如下：

（1）平时阅读记录痕迹，以阅读记录本为主，包括阅读内容、摘记、每日阅读进度、读有所感几个方面，占比50%。

（2）图书馆阅读习惯，以平时图书馆课堂观测为主，包括借还书程序、图书爱护、阅读姿势、文明礼仪几个方面，占比20%。

（3）阅读课堂参与程度，以阅读课堂教学参与度观测为主，包括阅读兴趣、分享态度、阅读速度、有效阅读几个方面，占比20%。

（4）家庭共读情况，占比10%。

（本文于2018年9月19日发表在《中国教师报》上）

《少年中国说》教学设计

一、教学目标

（1）正确、流利、有感情地朗读课文，正确识写本课六个生字及其组成的词语；学会借助注释阅读文言文。

（2）认识多个比喻句组成的排比句式，在诵读中感受到对偶句式的音韵；认识到"说"是古代的议论文体，了解文章的中心论点。

（3）初步具备文字鉴赏能力，能用一两句话评价自己喜爱的语句。

（4）感知少年中国与中国少年之间的联系，感受到少年身负强国重任；了解文章创作背景，激发为中华崛起而奋斗的爱国情怀。

二、教学重点

（1）学会借助注释阅读文言文；认识到"说"是古代的议论文体，了解文章的中心论点。

（2）感知到少年中国与中国少年之间的联系，感受到少年身负强国重任。

三、教学难点

认识多个比喻句组成的排比句式，在诵读中感受到对偶句式的音韵；初步具备文字鉴赏能力，能用一两句话评价自己喜爱的语句。

四、课前准备

让学生预习课文，制作生字PPT，准备《鸦片战争》《戊戌变法》《厉害了，我的国》等视频。

五、教学过程

第一课时

（一）教学目标

（1）正确、流利、有感情地朗读课文，正确识写本课六个生字及其组成的词语；学会借助注释阅读文言文。

（2）认识第二自然段中多个比喻句组成的排比句式，在诵读中感受到对偶句式的音韵。

（3）初步具备文字鉴赏能力，能用一两句话评价自己喜爱的语句。

（二）教学过程

1. 熟常识，识人物

（1）同学们，在上课之前，老师考你们一些常识性的问题。

第一组：清华大学听说过吗？清华大学的校训听说过吗？一起来读："自强不息、厚德载物。"

第二组：出示梁启超的人物图片，这个人认识吗？不认识可以读读上面的文字。这个人和清华大学的校训有什么关系？

师：1914年，梁启超到清华大学演讲，引用"天行健，君子以自强不息；地势坤，君子以厚德载物"来勉励清华学子，后被概括为清华大学校训。

（2）今天，我们要学习的《少年中国说》的作者就是梁启超，同学们预习过课文了吗？

2. 学字词，理文序

（1）文中一些词语需要学习，每个词语读两遍：

一泻汪洋、潜龙腾渊、鳞爪飞扬、奇花初胎、矞矞皇皇。

① "爪"是一个多音字，"爪"（zhǎo）在字典中的解释为：①动物的趾甲：乌龟趾间有蹼，趾端有爪。②鸟兽的脚：前爪/鹰爪/张牙舞爪。"鳞爪飞扬"一词中，"爪"字该怎么读？

② "潜龙腾渊"中有两个字都带三点水旁，想想这是为什么？这两个字都与水有关，指的是潜在水中的巨龙即将从深渊中一飞冲天，势不可当。这两个字恰好是本课的生字，咱们一起来写一写。

（2）读这几个词语时，你发现什么了？

① 这几个词语都是四字的，四字为一组，读起来朗朗上口。

② 这几个词语都出自课文的第二自然段。

从文字结构来看，第二自然段和第一自然段明显不同，你能看出来吗？（第二自然段四字一组，两两对仗，多用比喻）

③ 一起尝试两两对仗地阅读第二自然段。

3. 借注释，通文意

（1）同学们阅读得都很好，这个自然段的意思明白了吗？大家可以借助注释来了解文章的意思。谁来说一说？（这个自然段写了红日初升、河水、潜龙等景象）

（2）说得不错，这个自然段的确写了这些事物，结合文章题目"少年中国说"来思考，这些事物和国家有什么联系吗？（作者正是用这七处喻体，来比喻少年中国蓄势待发、前途无量）请同学们带着这样的情感，再读一遍这个自然段。

（3）在这个自然段中，我独爱"天戴其苍，地履其黄"这一句，仿佛让人看到我少年中国顶天立地，站在世界中央。

（4）你能试着用这样的句式，来赞一赞《少年中国说》中的某一句吗？

我独爱_____，仿佛让人看到_____。

4. 做小结，引思考

（1）听同学们如此描述，我仿佛看到少年中国迎着朝阳屹立东方。请同学们思考，这篇《少年中国说》能流芳百世，仅仅是因为比喻恰当吗？（饱含深情、激人奋进……）

（2）同学们说的我都赞同，但我还是要提示大家一下，我们应该从"少年中国说"中的这个"说"字来思考。"说"，在文言文中是什么意思？创作这篇"说"的人当时又处于什么样的境况？这些问题，我们下节课来探讨。下课。

第二课时

（一）教学目标

（1）认识到"说"是古代的议论文体，了解文章的中心论点。

（2）感知到少年中国与中国少年之间的联系，感受到少年身负强国重任。

（3）了解创作背景，激发为中华崛起而奋斗的爱国情怀。

（二）教学过程

1. 辨文体，明观点

（1）请同学们拿出听写本，听写上节课的词语：潜龙腾渊、鹰隼试翼、天戴其苍、地履其黄。

（2）在上节课的学习中，我们留了一个问题，谁课下研究了？什么是"说"？

（说是古代的一种议论文体，用以陈述作者对社会上某些问题的观点）

（3）请同学们再读课文，你觉得课文的哪一部分陈述了作者的观点？

（第一自然段）

（4）第一自然段有一个字用得频率特别高，那就是"则"，请同学们读一下这一自然段。

（5）作者不断在这一自然段中强调"少年强则国强，少年智则国智"，你能根据自己的理解讲一讲这个"则"和这句话的意思吗？

（"则"的意思是"就"，这句话的意思是少年强了，国家就强大了……）

（6）原来百年前，梁启超先生向我们陈述的是这个观点，中国和中国的少年是如此密不可分。请同学们再读这一自然段。

2. 知历史，诵名篇

（1）百年前，梁启超振聋发聩地呼喊："少年强……"（引读），当时的中国正处于什么时期呢？请同学们看介绍。

（2）播放《鸦片战争》《戊戌变法》两个视频。

（3）本文写于1900年，当时维新变法失败，梁启超痛定思痛，他说日本人和西欧人称我国为"老大帝国"，怒斥当权的清王朝封建贵族官僚是因循守旧、顽固苟且的"老朽"，号召"中国少年"肩负起救国的责任，为创造一个繁荣富强的"少年中国"而努力奋斗。

（4）一百多年过去了，《少年中国说》激励了无数国人为中华崛起而奋斗。今天我们在课堂上再读经典，应该让我们的声音激励更多国人，更多少年。

（5）分男女生诵读、背诵。

3. 展未来，明心志

（1）在风雨飘摇的晚清末年，梁启超依然企盼（引读第三自然段）……

在备受列强欺凌的晚清末年，梁启超依然相信（引读第三自然段）……

（2）而今，我们山河依旧，国泰民安，全世界都在见证着中国速度、中国力量。播放视频《厉害了，我的国》片段。

（3）布置作业：你认为梁启超的心愿实现了吗？以书信的形式与百年前的梁启超交流一下吧。

让民族文化成为课程开发之源

历史老师的课堂时间总是过得特别快，这一方面是因为课堂生动，另一方面是因为老师在课上指点江山、挥斥方遒。千年的历史变迁，在他的描述中不过是匆匆数代人的文化融合；壮阔的黄土高原，在他的视域下不过是站在更高的角度看到的这个蓝色星球上的一点褶皱；多民族的七彩云南，在他的指点下清晰地变成了汉藏语系、南亚语系和阿尔泰语系三个分支下的清晰可辨的迁徙痕迹。那些在一个个坝子上生活过的先民们，不仅为我们留下了多彩的云南，更为我们留下了丰富的智慧与文化。

我本就是从一个少数民族地区来到这里的。大概是因为民族文化的共通性，我自觉融入云南的生活并不是一件很困难的事。通过今天的学习，我了解到云南民族文化是如此丰富。这些丰富的文化若加以开发，将会成为引导孩子们热爱家乡本土的优质课程。

我校于2018年开发了"民族服饰小模特"这样一门表演类融合课程。根据云南26个民族的特点，学生和家长共同设计了26套民族服饰，在全校范围内遴选小模特进行模特表演训练。课程训练的周期为一个学期，整个课程设有完善的评价体系。

在我们的课堂上，孩子们知道了汉、藏、白、彝等多个民族，还能够将这些民族服饰的特点娓娓道来："这件衣服有高高的帽翎,它是彝族的大祭司服;这件衣服华丽唯美,属于婚服。"为了更好地让孩子们理解服饰文化的内涵,我校联合云南省民族博物馆开发了博物馆课程。在博物馆各位研究员的引领下,孩子们惊叹于先民们那无与伦比的智慧,感叹于那时的母亲积攒两年的火绒草,才可以编织出一件嫁衣的用心良苦。这些生动的民族文化知识,通过实践性课程,深深地植入孩子们的心中。

为了提升孩子们的艺术表现力,我校还邀请云南省模特协会秘书长张艳萍老师做我们的校外辅导员。经过一个学期的训练,我校的民族服饰小模特登上了2019年云南卫视少儿春晚和湖南卫视少儿春晚的舞台。在纪念中华人民共和国成立70周年云南省少工委的文艺节目展演中,我校民族服饰小模特也登台进行了表演。

我们还带领孩子们开展探究性学习,最终以服饰为线索编写出歌舞剧本《独龙腾飞中国梦》。该剧本描写了中华人民共和国成立前至今的历史时期独龙族的故事。故事中的奶奶曾经是独龙族头人的女儿,是个爱美的女孩儿。一次,阿爸从山那边带回了漂亮的布料,但这些布料在一次逃难中被扯得稀碎。独龙族的少女多么希望自己能穿上漂亮的衣服,多么期盼能过上平静安定的日子啊!后来中华人民共和国成立了,孩子们个个都穿上了漂亮的校服,在奶奶跟前叽叽喳喳地说个不停。贡山隧道的开通解决了数千年来独龙族不能与外界交流的难题。孩子们兴奋地带着独龙族奶奶唱歌跳舞,过上了幸福的生活。该剧以服饰变化为线索讲述了独龙族的腾飞梦,展示了新时代在党的领导下独龙族脱贫致富的美好生活。

最好的教育是带着孩子们自发地去发现、去探寻。没有一个人不热爱自己民族的文化,也没有一个人不对自己民族的文化有深切的期待和美好的憧憬。在教学中,我们就是要善于利用这些来激发孩子们求知探寻的欲望。

让学校成为课程生发的地方

"课堂"与"学堂"一字之差，却道出了本质上的不同。课堂上做主的是上课的教师，教师的课讲到哪里，学生就要跟着做到哪里；学堂是学习发生的地方，是以学为主的地方。

如果在课堂和学堂之间找一个连接的话，我想应该是课程。教师的传授点拨与学生的学习思考应该通过课程这个载体，紧密地连接在一起。一所好学校的课程绝不应该仅仅只发生在课堂上，更应该充盈在生活中、充盈在校园里。

用课程去改变单一的课堂，使其成为以生为本的学堂，可以从以下几个方面入手。

一、德育为本，建构道德评价体系

立德树人是基础教育学校的根本任务，每一位教师都应该清楚我们要培养的是对祖国充满热爱、认同中华民族文化、认同社会主义道路的建设者和接班人。小学生的特点是活泼、天真，模仿力极强，他们的道德观、人生观尚未成形，因此植根立本的思想道德教育就显得尤为重要。

我校开展了红领巾争章活动，少先大队部与学科课程相结合，开展争学习章、争生态文明章、争特色章等专项活动，并形成了全校统一的德育评价体系。如果让每一个学科都成为红领巾争章评价体系中的一个点，那么每一个学科就自然肩负起立德树人的根本任务。

红领巾争章活动的开展不仅建构起一个德育评价体系，而且将德育工作根植于每一个课堂，根植于每一个家庭。

二、多元启智，打破教室边界学习

1. 增强体质

清华大学有这样一句口号："无体育，不清华。"这个口号道出了这样一个真谛：体育是最好的德育。而多元智能理论和现代脑科学的研究也告诉我们，体育运动对开发学生智力起着至关重要的作用。

在当前的"双减"政策下，我校学生的体育锻炼时间不减反增，每天足足能保证一个小时的锻炼时间：上午半小时的跑操，下午半小时的大课间活动。我校每周开足4节体育课，其中有一节是足球校本课；周一到周日连续7天开设游泳特色课程，一至三年级的学生可以根据自己的层次水平选择相应的游泳课程，如校队、提高班、基础班和启蒙班。我校一、二、三年级学生游泳普及率达到80%以上。

2. 学会审美

让学校的每一面墙壁都会说话，以美启智，以美育人。学校的每个班级都以年级主题串联建设班级文化；学校的地砖、井盖是以滇池为元素的绘画作品；一进入校园，迎面就是由二年级学生完成的彩虹楼梯；六一儿童节组织校园庭院主题画展，每一名学生都至少有一幅作品入选。

3. 劳动教育

在滇池龙园里，科学老师带领孩子们根据语文课堂上学到的《二十四节气歌》栽种作物。孩子们通过劳作、观察、记录，不仅了解了植物生长的过程，而且对云南本土农作物的种植周期有了基本的认识。

三、定标课堂，培养终身学习能力

"双减"政策落地后，一些教师大有将智育视作洪水猛兽之势，仿佛提到智育就一定要和削弱、削减挂钩，其实大可不必。改革开放以来，新中国基础教育蓬勃发展，智育方面一些好的做法是值得肯定的。

智育对提高人的终身学习能力起到奠基的作用。而今天世界各国综合国力的竞争以及我国人口结构的变化，正需要基础教育培养具有终身学习能力的人。

如果把这一任务落实在课程开发中，就要尽可能地实现课堂教学的标准化。我们要深入细致地研究每一门学科课程，使课堂教学目标细目化，使年段衔接目标呈螺旋式上升之势，在提高学生智力的同时，为学生可持续的终身学习打下坚实的基础。

只有让学习真实地发生，我们才能让学生产生可持续的学习兴趣和学习动力，才能培养具有终身学习能力的人。这是时代对我们的要求，也应该是我们矢志不渝追求的教育境界。

公开课的启示

近来批评、质疑教师公开课的声音层出不穷。质疑的原因如下：公开课有上假课的嫌疑，公开课是教师表演的平台，公开课不关注学生的成长与发展，等等。以上弊端的确是各级各类公开课不可回避的问题，但是我却坚持认为，公开课是青年教师通向专业化成长发展的一条重要路径。

一、公开课是对教学基本技能的打磨

以语文学科为例，上好一节公开课需要方方面面的精细准备：朗诵、板书，甚至是服装仪表。一名青年教师在成长的过程中，如果经常上公开课，就会对以上几个方面形成潜移默化的规范，促使他成长为一名优秀教师。

在我指导青年教师执教一年级识字课《动物儿歌》时，教师上课的服装从一开始随意的T恤衫变成了过于庄重严肃的西装，最终选定了淡绿色的毛衣。这个选择的过程是教师对学生年龄特点、自身课型特点的认识过程。这位教师戏称："原来服装也得和课型相搭配，它们都是有风格的。"

关于课题的导入也几经推敲，猜字谜、讲故事、直接揭示课题我们都觉得不满意，最终选定儿童耳熟能详的儿歌《宝贝宝贝》做律动导入。律动动作的设计又成了我们研究的内容。动作设计过难,教师不好示范;动作设计过于简单,又不能与文本内容紧密契合。于是,我们一个动作一个动作地细抠,如身体倾斜的幅度、表情动作的感染力……教师们感叹,看来教师得是全能型选手,音乐、舞蹈、台词功底样样都不能落。上好一节公开课,其实真的不简单。

二、提升把握教材的能力

导入的问题解决了,随之而来的问题是识字课怎样能够更好地激发学生的识字兴趣?《动物儿歌》里介绍了许多虫字旁的字,教师要在学生识字的过程中让他们感受到形声字的造字规律。一年级小朋友的年龄特点是注意力时间过于短暂,仅仅依靠卡片、图片等方式远远不能吸引他们。

我们对教材内容进行了深挖,找到了一个突破点——虫字旁的字绝大部分与昆虫有关,然而文本中出现的"蚓、蛇、蛙、蚯"等字虽是虫字旁,却不是昆虫。这是为什么呢?

通过多方查找资料,我们找到了虫子旁演变的过程。"虫"在我国古汉语中泛指陆地上的动物。老虎在古时被称为大虫,蛇在古时被称为长虫。直到今天花鸟鱼虫市场里的"虫"字依然是古义今用,泛指陆地爬行动物。

有了这个突破点,在这节公开课上,学生自己针对偏旁提出疑问,并通过教师的引领理解了汉字的演变过程。学生的识字兴趣大增,而教师对低年级学生的识学教学也有了更深刻的认识,明白了要立足教材、超越教材的道理。

三、把握课堂生成点,提升创造力

由于《动物儿歌》一课要求识记的生字数量较多,在课堂上,我们设计了许多互动环节来帮助学生识记、巩固生字。

　　"帮助小动物们回家""欢乐对对碰"等环节的设计都不理想。在一次小动物找家的连线环节中，一个孩子突然在台下喊："老师，你连出来的线真像一张网。"

　　这句话启发了教师，试讲后，教师再一次对教学设计进行了调整，将"帮助小动物们回家"这一环节设计为连线，并让孩子上台操作。待孩子操作完成之后，教师问："你们看看黑板上连出来的线，像我们今天学的哪一个生字呀？"

　　孩子们大声回答："'网'，是蜘蛛结网的'网'。"

　　"网"字的字形演变就在孩子们的回答声中出现在屏幕上。教师相继引导："古时候，人们用藤条编织网，最早网的作用是捕鱼捕鸟，所以'网'可以组词为'渔网'。今天'网'字有了更丰富的含义，同学们还会用'网'字组词吗？"

　　"上网、网络、网球……"在孩子们的抢答声中，"网"字就被轻而易举地记住了。课后教师在反思中这样写道：从来没有想到，一次小小的课堂生成，会让我的课堂变得如此精彩。

　　把握课堂每一次生长点，提升教师的创造力，正是公开课的意义所在。

　　公开课对青年教师的成长至关重要，学校应该利用好公开课，立足课堂，打磨教研。公开课不应该变成作假、作秀的舞台，而应该成为实践教研的平台。学校应该通过师徒带教、教学竞赛等方式，让公开课为青年教师的成长助力。

深化课堂改革

华东师范大学教授吴刚平在关于深化课堂改革的专题讲座中提到了这样一个案例：一年级入学的第一课《我是中国人》中，教师在教小朋友识记"人"这个字时，有小朋友提出问题："为什么这个字读'人'啊？"教师在课堂上的处理过程引发了我们的深思。

吴刚平老师将知识学习分为三类，分别是事实性知识学习、方法性知识学习和价值性知识学习，其中事实性知识学习是后续两种知识学习的前提。

事实性知识学习更多地依靠读、记、背诵。这方面的学习内容主要是客观事实，在课堂上教师不需要浪费过多的时间进行质疑和探究，而需要用必要的方法和手段让学生尽快学会并记住这些事实性知识，以便后续方法性知识学习及价值性知识学习的开展。吴刚平教授这一观点的提出对身为小学语文教师的我有很强的震撼。小学语文教学，特别是识字教学，正是应该遵循这样的学习规律而使课堂变得更为高效、更为科学。

一、识字教学将事实性知识学习与方法性知识学习有机融合

识字教学是小学语文一、二年级的教学重点。为了保持儿童的识字兴趣，在实际教学中，我们通常采用字源字理式识字、兴趣方法式识字以及自主识字几种主要的方式，其中兴趣方法式识字是教学过程中使用最多的，通常以编儿歌、猜字谜等形式进行。字源字理式识字主要是为了探寻中国汉字的造字规律，也为了激发儿童对汉字的兴趣。

通过听吴刚平教授的讲座，我意识到在实际教学中，教师可以有意识、有逻辑性地将三种识字方法在识字教学课堂中进行整合与分层。

例如，在一年级识字课《动物儿歌》的实际教学中，因为本课的生字非常多，我们可以先将生字的类型进行分类，提炼出这节课需要学习的字根是"虫"字。本课由"虫"字作偏旁的生字有很多，如"蜘蛛、蚯蚓等"。另外，本课符合形声字造字规律和象形文字造字规律的字也有几个，分别是"网、这、连"。

在教学中，我们可以根据这些生字的规律，让学生先学习事实性知识，记住"虫"字。这个字笔画较少，在生活中也较为常见，孩子们可以在教师的指导下快速完成识写。这就成为本节课的一个事实性知识，也是完成本节课后续识写"虫字旁"生字的一个基本支撑。

在"虫"这个字的教学中，我们没有必要在课堂上浪费过多的时间讲授为什么这个字念"虫"，只需利用学生已有的学习经验，让他们记住这个字就可以了。有了"虫"字作支撑，我们就可以引导学生用"虫"字作偏旁来迅速识记其他形声字。

识字教学最高级的状态是让学生拥有自主识字的意愿和能力。这个意愿和能力的本源支撑是学生掌握了一定数量的基础汉字，即事实性知识。

二、语文教学更要重视"做中学"

赫尔巴特告诉我们，学习的过程无非是已有经验的再现与连接。语文是一门实践性很强的学科，在教学中一定要重视"做中学"。

预习就是很好的一种"做中学"的学习方式。许多教师在课堂教学中曲解了国家文件中提到的"零基础"教学，片面地认为"零基础"教学就是让学生一张白纸地进课堂，这种认识具有很大的局限性。

学习，永远要建立在经验的基础上。引导孩子进行有效的预习，就是在激活学生的学习经验，引导学生在问题的导向下注重学习。

在古诗文教学中，我们有一套比较成熟的预习方法：读古诗正字音、读古诗解字意、读古诗寻背景。学生经过这样三个步骤再进入课堂学习可以收到事半功倍的效果。

例如，在《晓出净慈寺送林子方》的教学中，学生通过以上的预习环节，读通了诗文，大概理解了诗文中字面的含义，并且查找了这首诗的写作背景。他们发现这首诗实际是深谙为官之道的杨万里劝说自己的好友林子方不要到外地做官的一首送别诗。

基于学生已有的预习经验，在课堂上，我设计了这样的问题："从题目上看，《晓出净慈寺送林子方》是一首送别诗，然而对比我们曾经学过的知名的送别诗，如《黄鹤楼送孟浩然之广陵》《别董大》，你们觉得这些诗歌在行文上有哪些不同吗？"孩子们很快就发现这首诗更多的是描写景物，好像没有写分别的离愁，那这是为什么呢？

一首送别诗，为何只写景不写人？为何只写六月的西湖却不写依依送别之情呢？这时孩子们积累的经验被迅速激活，他们迅速想到了在预习时查找的背景资料的内容，体会到了诗句中"接天莲叶无穷碧，映日荷花别样红"背后的含义，从而对"映日荷花""毕竟"等字眼有了更深的理解。这首诗看似句句写景，实际上句句挽留。杨万里作为林子方的忘年交，亦师亦友，他在用这首诗告诉林子方只有留在京都才有更多的机会，才能做接天的莲叶，才能做映日的荷花。

课堂上之所以能生成这样的深度思考，是因为学生在"做中学"。在实践过程中，学生已有的知识经验在课堂上被激活，并激发了深度探究的兴趣。

无处不在的思政课堂

小学语文统编教材编写的一个显著特点就是"两个传统不能丢"：一个传统是指优秀传统文化，另一个传统是指革命传统文化。相信每一名语文教师都能够轻松地在单元备课过程中发现哪个单元是革命传统文化单元。

在进行这一部分单元整体教学的时候，许多语文教师显得很着急，因为他们感觉这些革命传统文化故事离儿童的生活较远，在课堂上让儿童体会这些课文所蕴含的革命精神是一件比较困难的事情。

实际上，儿童对革命传统文化的篇章有着浓厚的兴趣。只要方法得当，我们就可以让这些课文成为良好的思政教育阵地。全国第十九届党代表、玉溪市教育体育局副局长、玉溪市教科所所长杨琼英同志在她的主题报告中就向我们详细介绍了玉溪一小是如何利用多种渠道开展思政教育的。

一、让课文中的革命传统文化活起来

在小学低年级有这样两篇描写伟大领袖毛主席的课文：《吃水不忘挖井人》《八角楼上》。可能在许多教师心中，孩子们离长征太遥远，无法理解课文中的革命故事。事实上，孩子们在课文学习之前就对毛主席产生了强烈的亲近感：他们在数学"认识人民币"的课堂上就知道了毛主席是我国伟大的领袖，在道德与法治课本上也看过天安门城楼上毛主席的照片，更不用说在生活中、广播里、电视里都曾经听过、见过毛主席。因此，当学到关于毛主席的课文时，孩子们是带着强烈的亲近感的，他们渴望了解毛主席的革命经历，渴望了解毛主席身上发生的那些感人至深的故事。

在玉溪市第一小学，孩子们学完了《吃水不忘挖井人》一课后，就动手用小纸板、水彩笔来制作瑞金城外的水井。井口是由一个普通的矿泉水瓶改造的，井沿是用装饰过的彩色纸板做的，井口还贴心地用雪糕棍做了打水用的辘轳。整个作品的背景上写着这样几个大字："吃水不忘挖井人。"一年级的儿童就通过这样的小手工，让课文里的革命圣地活起来了。

二、教室里的微型党史馆

在中国共产党成立100周年进行党史教育的过程中，我校提出了让教室每一天都有一个微型党史馆的党史教育计划。

如何对低年级的儿童进行党史教育呢？我们想到了"红船精神"这个主题。一年级共有14个平行班，整个党史教育主题就定为"红船精神"，我们在每一个班级的微型党史馆里，摆放了一个红船模型，这个红船模型可以拆卸，由儿童自己拼装。每一个可拼装的零部件上都标有一个序号，代表着一个党史小故事，儿童在进行红船拼装的时候要迅速找到卡片所对应的故事，把故事讲出来、红船拼起来、精神学起来。

每个班级的故事编号都对应着一个历史时期，比如一班的"红船精神"对应的是五四运动时期，二班的"红船精神"对应的是一大召开的历史时期。

我们还利用学校里的滇池微缩景观，让孩子们用拼出的红船模型进行航模比赛。看着一艘艘红船扬帆起航，"红船精神"就留在了孩子们的心中。只要我们用心去寻找、用心去创设，思政课堂就无处不在。

三、捧好历史的接力棒

在《刘胡兰》一课的教学中，当读到刘胡兰面不改色地对敌人说"怕死就不是共产党员"，毅然决然地走向铡刀下时，许多女孩子忍不住哭了起来，她们在课下围着老师问："为什么？为什么他们一定要杀害刘胡兰？"

我是这样对孩子们讲的：中华民族是一个伟大的民族，五千年来，我们就像在跑一场长长的接力赛，每一个时代的人都带着自己的接力棒，奋勇向前，可是其中有一棒跌倒了，那就是晚清时期。当时我们的国家被别的国家欺负却无力回击，像刘胡兰一样的英雄们就是为了爬起来追上去而流血牺牲的。

在接力赛的赛场上，我们跌倒了会受伤、哭泣，而一个国家在一个时代跌倒了，就会付出流血牺牲的代价。总有一些英雄，他们奋不顾身，不怕流血牺牲，带着我们捧住这根接力棒继续向前。

孩子们听了以后，仰起头问："老师，这根接力棒也会传到我们手上吗？"

我郑重地告诉孩子们："会的，在英雄的中国共产党的带领下，中华人民共和国成立以来，我们中国人民跑完了站起来、强起来、富起来的光荣之路，未来就由你们带着这根接力棒，继续向前跑，直到我们中华民族实现伟大复兴，重回世界之巅。"

那一刻，我分明看到孩子们的眼中闪烁着坚定的光芒。

习近平总书记说："人民有信仰，民族有希望，国家有力量。"新时代，我们教育工作者的根本任务就是落实立德树人。每一位教师都应该明确我们要培养什么样的人，我们在为谁培养人。

思政课是落实立德树人的重要阵地，它不应局限在"道德与法治"这门学科上，而应该渗透于学校教育的点点滴滴，在孩子心中埋下一颗有光的种子，为他们扣好人生的第一粒扣子。

课堂的革命，生命的交响

刚刚走上教师岗位的时候，我曾经听过这样一节公开课：教师语言流畅，充满感染力，课堂上带着孩子们不停地朗读、做动作、表演。当时，我感觉这节课精彩极了，却不承想被师傅泼了冷水：外行看热闹，内行看门道。

原来，课堂上看起来热热闹闹是不行的，佐藤学先生在《静悄悄的革命》一书中，把这种热热闹闹的场面称为"虚假的主体性"。

诚如佐藤学先生所言，这种看起来热闹的"虚假的主体性"往往出现在低年级。随着孩子年龄的增长，课堂开始变得静悄悄的。为什么会这样呢？因为在经历了一、二年级"热闹"的课堂后，孩子们的思维并没有向纵深发展，而是只停留在表面上的问题回答、手势比画。到了高年级，教师如果依然靠这种简单肤浅的"热闹"，就很难再勾起孩子探索的兴趣。同时，由于思维长期没有得到纵深的训练与发展，孩子也很难在课堂上实现真正的思维和思想上的交流。

因此，教师只有从学习的本质入手，建构以学习为中心的课堂，才能真正实现儿童生命的交响。

一、建构充满交互的课堂

2016年，英特尔公司发布了一段视频——《未来教室》。视频中的教室实现了万物互联，黑板、墙面、桌面，到处都是可以点击的屏幕，课堂上教师正在讲授的内容是建造一座斜拉桥模型。孩子们迅速找到合适的屏幕分组进行研究。在研究的过程中，孩子们通过屏幕可以与桥梁专家、消防专家、数学家连线。孩子的学习过程不再仅仅局限于课堂，甚至延伸到了家庭。

许多教师看了这段视频后由衷地感慨，我们缺少这样一个教室。而实际上，我们缺少的不仅仅是硬件上的投入，还有以学习为中心的交互式课堂。

真正的交互往往并不需要特别多电子设备的投入，它需要的是师生之间交互意识的觉醒。这种交互可以是形式上的，也可以是思维上的，可以是课堂上人与人之间的交互，也可以是师生与文本之间的交互。

二、建构思维运动的课堂

提出思维的运动，是因为前文所提到的一些过于热闹的"虚假的主体性"，使得学生在课堂上没有进行真正的思维运动，而是人云亦云，机械重复地比谁回答问题的声音大。

特级教师孙双金在执教《望庐山瀑布》一课时，通过"紫"字来解放学生的思维。

孙老师这样向学生提问："在现实生活中，你们见过瀑布或高山上有紫色烟雾在升腾吗？"

"没有。"

"那李白是不是写错了？根据我们日常的生活经验，瀑布升腾起来的烟雾不应该是白色的吗？"

这时候学生们都笑了，他们对老师说："那总不能写日照香炉生白烟吧，这太不好听了。"

孙老师听后也笑了，"是啊，这样是不太好听，请同学们动手查阅资料，看看'紫'这个颜色在古时候一般用于什么情况。"

通过课堂上资料的介入，孩子们发现古时候"紫"代表着高贵，衣紫为贵、紫气东来，紫色代表着帝王之色，如紫禁城。

这时候孙老师对学生们说："是呀，紫色代表着高贵，代表着帝王之色，同时，这个颜色带给人一种如梦如幻的缥缈感。就在那远处的香炉峰上，有如梦如幻的紫色烟雾升腾起来。这时我们再看飞流直下的庐山瀑布，你认为这水从何处来呢？"

通过这样几个问题的连续引导，孩子们瞬间理解了为什么"诗仙"李白称赞庐山瀑布"疑是银河落九天"。时隔千年的文思被孙老师用一个"紫"字全盘点活，孩子在课堂上穿越时间与"诗仙"对话，穿越空间看飞流直下。

三、建构学习共同体

建构学习共同体的核心依然是以学习为中心。我们必须认识到，学习是一个互动的过程，如果仅仅有教师的"教"，那么即便教师教得再好，学生依然没有办法完全掌握。要想让学习真正发生，就必须从学生的"学"上想办法。有时候即便没有教师的介入，只要学生的学习真正发生了，也一样会收到比较理想的教学效果。

我们可以尝试在班级建构学习小组。学习小组的建构可以按同质或异质的方式进行。小组的团队建设尤为重要，因为这决定着小组的学习状态和效率。每个人在其所在的小组中都应该认领一项任务，如承担发言人、计分员、书记员等工作。学习任务应该以议题的形式布置，让组内成员经历完整的讨论、整理、得出结论的过程。

　　同时，我们应该关注每组中学习进度较慢的同学。每个组都应该制订帮扶此类同学的实际行动方案。方案中要简单地包含他们学习进度慢的原因、解决的对策以及帮扶的步骤等。

　　通过以上建设，当整个小组对学习过程、帮扶过程形成了清晰的步骤，并按步骤执行时，整个小组的学生会对学习有较强的主观能动性，也一定会获得比较积极的学习效果。

　　我们把这样的学习小组称为"学习共同体"，在这个共同体中还有一个不能忽略的角色——教师。教师应该是学习共同体中的组织者和引导者，但绝不是学习的主体。

　　学校应该是学习发生的地方、儿童生命发现的地方。我们要建构充满交互、思维运动的课堂，让儿童在思维的交流和碰撞中共同学习，这样一场静悄悄的革命就可以带来波澜壮阔的生命交响。

发现课程，给孩子多一条道奔跑

课程的意义是什么？在拉丁语中，课程的意义为跑道。我们可以把课程理解为：学生通向未来的一条路径或途径。今天的教育是用来培养未来的人的，我们在进行课程建设时应该有这样的想法：我该怎样为20年后，30年后的孩子负责？如果今天课堂上的知识不能与未来匹配，那么我该在我的课堂上把什么传递给未来的孩子，与孩子未来的生活相匹配？

如果你所在的学校暂时还没有像《重新定义学校》中十一学校那样，有优质的师生比例支持在校生每人一张课程表，如果你所在的学校暂时还无法打破行政班，全面开设走班制，那么至少我们应该树立用发现的眼光开发课程的意识。

教育是一场发现的过程，需要教师从中学会发现学生、发现课程、发现自己。

一、发现学生

李希贵校长在《重新定义学校》这本书中提到了一个典型案例：叶大家、王澍等学生都在某一学科上天赋异禀、极具特长，他们都是需要按照自己的节奏建构自己的知识结构的典型学生。在教学中，我们只有善于发现这类学生身上的特点才能更好地因材施教。我曾经教过小王这样一个孩子，三年级的他食量惊人，每天早上要吃两碗米线，午饭在老师不停地劝阻下，也要在小餐盘里添加五次米饭。不用想，这个男孩，在小学三年级就鼓起了一个圆圆的小油肚，每次课堂听写他的错误率都至少在60%以上。我曾经多次想对他的家长说让他少吃一点儿，把心思用在学习上，但是每次话到嘴边都忍住没说。

后来，我发现他和班上的孩子一起爱上了篮球，从此篮球就成了连接我和他之间的法宝。听写有进步了，我就奖励他一次打篮球，他想进班级的篮球队，那就要和我之间有一个君子协定——让语文成绩达到某种标准。慢慢地，小王同学变了，成了班级篮球队的主力，小油肚也不见了，现在的他已经是个高中生了，并且拿到了国家二级运动员证书。

因此，发现学生身上的个性特点，是每一位教师的必修课。

二、发现课程

总有教师说，能把国家的课程上好就不错了，开发其他课程太难了。实际上，作为普通的一线教师，我们也可以在夯实国家课程的基础上带着孩子们发现课程的内涵，开发出丰富的课程组群。小学语文二年级有《数九歌》《二十四节气歌》这样的歌谣，我们可以以此为抓手，深挖其背后的课程资源。《二十四节气歌》的背后是我国先民在长期农耕文化中的智慧结晶，在学校里我们带领学生开发了滇池农园二十四节气的主题课程。孩子们梳理了二十四节气的相关知识，把它编写成了二十四节气小读本；还有的孩子运用美术课程的知识，制作了二十四节气魔法盒。在滇池农园里，孩子们和教师一起顺应节气种大蒜、种扁豆……一首小小的儿歌，就这样在校园里活了起来，此项活动还得到了《昆明日报》的专版报道。

三、发现自己

教师必须学会发现，不仅要在教学内容上发现，更要学会发现人，而其中就包含教师自己。我们要善于发现自己的教学风格，不断调整、完善自己对教学的理解，让自己始终以一种饱满的姿态投身于教育教学。

教师本身也是重要的教学资源，教师的一举一动、举手投足都可能带给孩子一生的影响。记得我在接手五年级的一个班的时候，班里的学生都不爱读书，我就有事没事地总是提两本书进教室，并在孩子们面前摆出一副正在苦读的样子。慢慢地，我发现孩子们当中开始流传《纳尼亚传奇》这本童书了。不久后我又发现他们开始跟着我一起读外国作家丹·布朗的作品了。他们开始在课间走上讲台，翻阅我摆在讲桌上的书并且会大胆地问我："老师，这本书好看吗？""老师，最近我正在读这本书。"后来我又趁热打铁召开了《红岩》读书会，就这样班级热爱阅读的风气形成了。

教师应该是一个发现者，以发现的眼光看待这个世界，看待自己的教学，会发现更多、更美的风景。

"他山之石可攻玉，纳人之长可厚己"。聆听名家讲座，跟随科研专家的脚步下五洋探深官，上九天探外星生命；在文化名师激情澎湃的演说中寻找自己的教育初心；与众多知名校长零距离接触，更新办学思想；与教育名家面对面交流，为"五育并举"指明办学方向……

他山之石可攻玉

寻找教育初心的颜色

　　教育初心是什么颜色的？为了回答这个问题，我们应该沉下心来思考教育的初心是什么，我们为什么应该寻找教育初心。

　　当今时代是一个令人焦虑的时代，房子让人焦虑，车子让人焦虑，孩子更让人焦虑。看着这个时代的人，每天忙忙碌碌，就连儿童也不能免俗。曾经听过这样一句玩笑式的调侃，5岁的孩子掌握1000个单词够了吗？答案是在美国够了，但是在北京海淀区不够。今天的儿童大量的时间被形形色色的兴趣特长班、补课班占据，多少家长笃信这样一句话——不让孩子输在起跑线上。多少所谓的名师在网络平台大肆贩卖焦虑——你来，我们培养你的孩子；你不来，我们培养你孩子的竞争对手。

　　这样的全民焦虑用黑灰色来形容再合适不过了。那么教育初心的颜色是否就是与黑灰色对应的那抹纯色呢？

　　我认为，寻找教育的初心就是寻找最初的本真。

　　昨天听了云南大学董云川教授的讲座，当听到他用风趣幽默的语言描绘他儿时受教育的情景，描摹他心中的那方净土时，我的思绪突然飘回远在3000公里外的内蒙古的那所我刚刚参加工作的小学校。

　　那是一所城乡接合部的学校，坐落在半山坡上。整座学校没有一栋楼，全部都是平房。内蒙古的冬天，寒风刺骨，我们的教室中央摆放着一个火炉，长长的烟囱在教室里拐了个S形的弯通到窗外。每天早上的必修课就是引燃火炉，让教室里快点暖和起来，然后才能上课。

　　当时的我是一个从城里来的姑娘，根本不会用一团报纸、松枝、木块引火，点燃乌黑发亮的煤块。面对"生炉子"这项工作，我总是显得束手无策。是那群一年级的孩子，和我一起用冻得通红的、皲裂的小手，划燃火柴、引燃报纸……火苗就那样温暖地蹿起来，当乌黑的煤块在火炉里被烧得泛红时，我们的教室就在寒风里变得异常温暖了。真的，直到今天，我总是在梦中回想起那点火光，那火光的颜色应该是我教育初心的颜色。

　　那个学校的后院有一个很大的蔬菜大棚，是供学生半工半读用的，课余时间我会带着孩子们一起在这个大棚里摘黄瓜。其实当时的我根本不会侍弄这些农作物，又是那些孩子们，他们跟我一起给黄瓜搭架，给白菜施肥……收获的时候，他们会摘下一大捆芹菜帮我绑在自行车的后架上，然后我："老师，你可以带回去包饺子吃。"现在回想起那鲜甜的芹菜味儿，我觉得我的教育初心是大棚里那一抹丰收的颜色。

　　那个半山坡上的小学校没有经费支持绿化，于是我们的校长东拼西凑拉来一堆草，让教师带着孩子们在校园里的空地上植种草皮。我在和孩子们一起刨土移栽草皮的过程中，手被埋在土里的玻璃碴划伤了。一时间，鲜血涌出，一群孩子涌过来，在那个没有创可贴的时代，他们掏出自己的小手绢，掏出自己的卫生纸，七嘴八舌地叫着嚷着帮老师包扎。回想起来，我的教育初心应该是那一抹血色。

　　那个半山坡上的小学校里回荡着我的教育初心。后来，我来到昆明，工作于一所现代化的学校。一天，我突然收到之前那个小学校的学生发给我的信息："老师，我考上北师大的研究生了。我要像您一样，当一名好老师。"

那一刻，泪水模糊了我的双眼。泪水中，我看到了，我的教育初心是泪光水晶般的颜色，它从那个山坡上的小学校里走出来，不应改变，也永不会改变。

把课堂上学到的都忘了，剩下的才是教育

华东师范大学文新华教授在讲座中给我们举了这样一个例子：一群年过70的小学同学发起聚会，同时邀请了已是国内知名教授的文新华老师参加。交谈中发现，他们早已记不得当年老师给他们上过什么课，讲过什么内容，然而却对老师带着他们在街上捡垃圾资助贫困学生的一件小事记忆犹新，以至于因为此事的激励他们中的一些人终成大国工匠。

是啊，课堂上讲过的知识、说过的话，可能会随着时间被冲淡，然而教师的以身作则、言传身教以及一个个生动的故事和师生共同的经历却会让学生永生难忘。

下面，我要请大家和我一起算个数学题，那就是你从教几年了？一共上过多少节课了？

我自己已经算过了，从教20年，上了12040节课。那么问题来了，在我这匆匆半生的一万多节课里，学生记得住的是什么呢？如果以此作为教学成功的衡量标准，我想我的成功率不会超过千分之一。

疫情期间，美国留学生放假，我几个曾经的学生从大洋彼岸回来看我，在交流中，我发现原来学生记得的是这些：

在美国西雅图，获得美国西北三州青少年花样滑冰冠军的方子慧说：

"我永远也忘不了您带着我们夺得"毕业杯"篮球赛的冠军,后来,我在美国也打篮球,我的美国同学都说我是他们见过的篮球打得最好的亚裔女孩。"

在加拿大的念玥辰说:"我记忆最深刻的就是您在课堂上向我们推荐《达·芬奇密码》这本书,以至于我刚到加拿大语言不通时,一口气读完了所有丹·布朗的作品。您说得对,读书可以丰富精神世界,书陪我走过了最孤独的时期。"

就读于云南师大附中的史楚玥说:"我记忆最深刻的就是我们的班歌《倔强》,直到今天,我听到这首歌依然热血沸腾。"

就读于昆明一中的梁馨月说:"我每年都记得您的生日,可惜每到您生日时,我都不是在注册就是在上课。今年,我终于不上课了,可以赶来祝您生日快乐。"特别解释一下,因为我的生日很好记,8月23日,和肯德基宅急送的电话号码是一样的。

故事讲到这里,大家可能回想起来了,这就是刚刚我请大家算的数学题,你一生上过的课学生记得多少?正是这句话触动了我对教育的反思。

老师们,也许或者说是注定,我们穷尽一生也无法达到先师孔圣人的那样的高度,也许或者说是注定,我们没有72圣贤的弟子来书写一本我们的语录传于后世。但是,我们需要在教育生涯中被一句话触动,我们需要在教育生涯中被一种理念引领,我们需要在教育生涯中被一种精神鼓舞……

而我,何其幸运,被这样一句话触动,被生态教育理念引领,并在实验学校风雨兼程走过了十年的教育历程。

最后,用一句经典名言来结束我的文章:忘记了课堂上所学的一切,剩下的才是教育。

飞鱼成长记

叶燎原教授在讲座《教育中的体育精神》中提道：党的十八届三中全会特别提出"要强化中小学体育课和课外锻炼，促进青少年身心健康发展"，将体育课和体育锻炼提到了前所未有的高度。他旁征博引，结合清华大学、西南联大的体育故事，向我们讲述了体育精神就是拼搏、坚持、守纪、尊重与尊严。

我们学校有这样一位体育老师，他总是苦口婆心地劝语数外这些主科老师："让孩子多去外面玩一会儿吧，多参加体育运动，大脑就会分泌多巴胺，成绩自然就上来了。"

游泳专业的体育老师为了在学校普及游泳这项运动，苦口婆心地挨个班级游说，经常挂在他嘴边的一句话就是："孩子们，游泳是一项必备技能，每个人都应该学会自救。你们知道吗？学不会游泳，考上清华都毕不了业的。"每当看到他在班级里这样游说，一群教主科的老师就在旁边忍俊不禁地开玩笑："为了对得起他对游泳的普及热情，咱们的首要任务就是想尽办法把这群孩子'鼓捣'进清华去。"

这位老师就是我校飞鱼游泳队的创始人、主教练太云飞老师。他是云南省学生游泳专业委员会唯一一位小学教师身份的委员。

太云飞老师身上这份对体育教育的热爱，对游泳运动普及的执着，正是他育人智慧的体现。

一、体育与意志

太云飞老师经常挂在嘴边的一句话是"体育是最好的德育"。运动员身上都有一种专属的坚韧不拔的品质，无论在顺境还是在逆境中，他们都能坚持拼搏、永不言败。他认为运动员的沟通能力更强，他们更擅长团队协作，服从指挥，为达到统一的目标而协同作战，这正是新时代少年儿童必备的品质和品格。

二、体育与情怀

太云飞老师一手创建了我校的飞鱼游泳队，该游泳队共分四个层次进行梯队训练：高水平校队、提高水平校队（掌握蛙泳、自由泳两种以上泳姿）、普及校队和启蒙班（初次接触游泳，零基础）。这四个层次的梯队训练意味着他周一到周五每天晚上都要亲自在游泳池里带队训练到晚上7：00左右。

我曾经问他："这样高密度的训练你吃得消吗？"

他回答："我就是从小在滇池边太家河池塘中泡大的孩子，从小就与水结缘，很小的时候三次跌落水中，都化险为夷。"

"我小学、中学的体育老师都对我有很深的影响，他们无私地对我进行专业训练，让我爱上体育、爱上游泳。他们一路鼓励我以优异的成绩考上了成都体育学院。"

"我非常感激我的启蒙教练，也非常感激游泳这项运动。我是这样成长起来的，我依然要这样回报曾经培育我的这片土地。我会尽我所能推广游泳这项运动，让更多的孩子因游泳这项运动而受益终生。"

三、体育与梦想

学校飞鱼游泳队日常训练基地在云南省海埂宾馆海天游泳馆。该场馆是国家队高原训练场馆之一。于是每当国家队来集训的时候，我们总会看到这样的身影：静静地站在与国家队训练人员一道相隔的地方默默观察的身影；一到国家队训练间隙就飞奔过去，与孙杨、李冰洁等明星求合影的身影；购买了一大堆泳帽，请奥运冠军在泳帽上一一签名的身影。

那些好不容易得来的签名泳帽，都被太云飞老师作为奖励发放给了训练及比赛中表现优异的孩子。他经常这样跟孩子们说："我的梦想就是在退休之前，能够启蒙一位奥运会冠军、全运会冠军，你们一定要加油，不要辜负太老师的期望。"每当这个时候，我都能看到孩子们和老师的眼里闪着一样坚定的光芒。

这是体育育人的光芒，更是强国梦想的光芒。在太云飞老师的不懈努力下，我校飞鱼游泳队培养出了昆明市中小学游泳比赛冠军10余名，2017年建校10年之际获得昆明市中小学游泳运动会团体总分亚军；我校小学各年级游泳普及率分别达到80%以上。2018、2019年我校成功举办了两届全校游泳运动会，这在云南省中小学校尚属首例。

太云飞，一个普通的中小学体育老师，就是这样用自己的实际行动告诉大家，"体育是最好的教育"。大道至简，体育教育的智慧就是坚持、情怀与梦想。

海洋与课堂

"在海的远处，水是那么蓝，像最美丽的矢车菊花瓣，同时是那么清，像最明亮的玻璃。然而它却很深很深，深得任何锚链都达不到底。"

儿时的我，几乎能把出自安徒生童话《海的女儿》开头的这一段背下来。因为这段话，我深深地痴迷于海洋。

长大后，我成了一名教师，我在课堂上总会讲到这个童话故事，我告诉孩子们：海洋深邃、神秘，还会从海底随着气泡冒出许多童话故事来。

今天，听了中国科学院海洋研究所二级研究员、博士生导师、中国海洋湖沼学会海洋生物科普专家团首席科普专家李新正以"乘'蛟龙'探深宫"为主题的讲座后，我深深意识到：我们的课堂上应该有海洋，不应该仅仅有童话。

一、海洋与"为什么"

"老师，为什么一鲸落，万物生？""老师，真正的海绵宝宝是有生命的吗？""老师，为什么普通潜水艇不能像'蛟龙号'一样下潜？"

课堂上的你是否也遇到过这样的"十万个为什么"？我们要相信每一个孩子都是天生的学习者，他们天生就有好奇心。他们对海洋的这份好奇不亚于在成长中对空气、水、阳光的需求。多姿多彩的海洋生物、丰富多样的海底资源，都如磁石一般深深地吸引着孩子们，更不用说海洋富含的地理学、生态学等对丰富课堂的重要意义。海洋可以在课堂上为孩子们插上探究科学、追求真理的翅膀。

二、海洋与爱国情怀

记得当年中日钓鱼岛之争时，我激情满怀地备课。课堂上，我讲到中日甲午海战，讲到14年艰苦卓绝的抗日战争，我告诉孩子们少年强则国强，我们不能在今日再将寸土让与他人。孩子们在我的带领下开展了手抄报制作、主题演讲等多种方式的综合性学习。我在用我的行动、我的教学告诉孩子们钓鱼岛很重要。

听了今天的讲座，我才明白了什么是《联合国海洋公约》，为什么钓鱼岛这么重要。钓鱼岛只有3.6平方公里，但却占据着40万平方公里的海洋专属经济区。十八大以来我国提出的海洋战略是："坚决维护国家海洋权益，建设海洋强国。"建设海洋强国，钓鱼岛的战略意义非凡。我们每个国民都应该树立一个坚定的信念：海洋强国，其中有我。

当听到我国的"科学号"海洋科考船在执行任务中遇到日本保安厅船只和越南渔船的干扰阻挠时，在场每一个老师的心都提到了嗓子眼儿。当听到强大的中国海军支援和行动迅速的三沙市海警护航时，在场老师们不由得发出赞叹，现场响起了经久不息的掌声。祖国强大了，我们的海军强大了，我们真正做到了维护海洋权益，逐步成为海洋强国。

我们的课堂需要带着孩子们这样了解海洋，让海洋不仅点亮他们科学的梦想，更给予他们坚定的信念和爱国的情怀。

三、海洋与梦想

强大的祖国是"科学号"开展科学考察的有力后盾，"科学号"的研究成果又进一步促进了祖国的繁荣发展。

今天的课堂培养的是未来的人才，未来各国之间的战略较量就取决于今天的小学生课堂。海洋无疑是宝贵的课程资源。课堂上，海洋可以是知识宝库，海洋可以是论文观点，海洋可以是历史见证，海洋可以是爱国主义教育基地。

因为海洋，有的孩子可能梦想做一名海军；因为海洋，有的孩子可能爱上了南极考察；因为海洋，有的孩子可能投身于生物研究；因为海洋，有的孩子可能立志生态文明建设。

对我来确，海洋让我清晰地明确：为党育人，为国育才。我们的课堂离不开海洋，我们应该立志培养出建设海洋强国的合格接班人。

展开美育的蝴蝶之翼

云南艺术学院汤海涛教授在《形式的侧翼——云南美术现象的发生及其文化效应》专题讲座中提道：瑰丽神奇的云南拥有高度的文明，使得多种形式的基因在云南得以留存；对应到绘画创作中，则保留了丰富和多样的外在形态和表达语汇。

儿童的美育教育也应如此，应该让多样且有趣的形式成为美育的侧翼，使儿童的奇思妙想在他们的作品中熠熠生辉。

我校美术教师冯骄兰是云南省首批美术特色工作室主持人。在多年的儿童绘画教学过程中，她秉承尊重儿童、形式多样、创意想象的教学宗旨，全面落实以美育人。

一、贴近儿童生活的绘画

我校一名多年在少年宫学习绘画的学生这样评价冯老师的课堂："别的老师上美术课总是说'人物画在这儿，国旗画在这儿，蓝天白云同学们可以自由发挥'，冯老师不是这样教，她会告诉我们'今天的主题是太阳，小朋友们自己把想象中的太阳表达出来'。"

"冯老师会给我们建议，推荐我们使用各种线条来表达，也会告诉我们怎样用颜色表达自己的情绪，所以我最喜欢上冯老师的课。"

在冯老师的课堂上，太阳是会眨眼睛的，太阳是有翅膀的，太阳是会洗澡的，太阳也是会玩滑梯的。她认为儿童画就是要贴近儿童的视角、儿童的生活，这样的绘画才是灵动而有生命的。她反对限制儿童的想法而用条条框框来约束孩子画画，她觉得这样的绘画是不利于儿童审美能力和创造力发展的。

二、形式多样，就地取材

在冯老师的美术课堂上，材料永远不是彩笔与画纸那么简单。枯树枝、卫生纸、棉签甚至酒精都会是她课堂上的创意材料。

一年级的孩子刚刚入学，拿笔都很困难，铅笔尖更是一个重大的安全隐患。冯老师针对这一问题创新性地设计了用彩泥做铅笔套的手工课。放学后，家长们看到孩子铅笔尖上多了可爱的胡萝卜、小白兔、圣诞老人、金箍棒等时，都惊叹不已。

为防御新冠肺炎疫情，各班都配了消毒酒精，看着孩子们每天拿着小喷壶用酒精消毒桌面，冯老师又有了奇思妙想。她让孩子们先用水彩笔在熟宣纸上作画，再用酒精喷晕，一幅幅美轮美奂的花瓶作品就这样诞生了。

冯老师的课堂从不局限于材料，从不拘泥于形式。受她熏陶的孩子们都有独特的审美气质，他们会在路上对一个松果爱不释手，会对地上的一片落叶潜心研究，家里的酒瓶、纸箱都有可能成为一件精美的艺术作品。

三、创意与表达

课堂上的丰富多彩、妙趣横生让孩子学会了以"美"作为语言进行表达。在冯老师潜移默化的影响下，孩子们隐隐约约地明白了色彩与线条都是可以用来表达主题、表达自己的心境和情绪的。

在建党100周年绘画比赛中，有的孩子用这样的构图来表达：一个站在草原上的小女孩仰望浩瀚星空中的宇航员和航天飞船；在描绘"我心目中的中华民族"这一主题时，有的孩子选用了"小象，走去北京"这样的主题，作品中憨态可掬的小象宝宝和妈妈一起在傣族小姑娘的注视下，一路向北，遥望天安门……

在校园里，只要有机会，冯老师就为孩子们办画展，美术室、廊道、花园都可以成为孩子们作品展示的平台。

在冯老师的鼓励下，孩子们对绘画充满热爱。他们不但乐于用画笔记录、表达，更有了创作作品的意识。

美育在义务教育阶段有着广泛的范畴，然而美育在义务教育阶段又着实应该展开这样的侧翼。就如亚马孙河边那只扇动翅膀的美丽蝴蝶，美育的侧翼也必将带来"五育并举"的春天。

科学精神与文化传承

2021年5月15日，由我国自主研发的天问一号探测器成功着陆于火星。网络短视频平台大量转发了探测器登陆火星的过程，其中有一则视频的解说格外让人感动。视频中，伴随着火山上被激起的尘埃渐渐落地，小小的火星车从舱内移步出来，一个低沉的男低音缓缓讲道："嗨，你好，我叫祝融。"那一刻我们深深地感觉到中国科学家那满满的诚意以及中国人从古至今刻在骨子里的浪漫。

祝融是中国上古神话中火神的名字，今天他登上了这颗与地球比邻了45亿年的兄弟星球，并缓缓地告诉火星："我叫祝融。"

聆听了南京航空航天大学施大宁教授"科艺交融、以美育人"的专题讲座，简单梳理一下中国航天器的名字后，我们会发现每一个名字都起得诚意满满而富有浪漫主义情怀，如嫦娥号、玉兔号、天空号……

广袤无垠的太空、略显孤独的星际征程，都在这些名字中变得温情起来。也许，科学家在给这些航天器命名的时候，已经预料到人们在教育孩子时会因为这些航天器的名字而娓娓地讲出优美动人的故事。这些故事传承千年，承载了中华民族的智慧与温情。

科学发展一直都是充满人文情怀的，也从来不排斥罗曼蒂克。

今天的教育工作者要站在这样的角度来设计科学课堂，让科学课堂充满发现、充满思考，也充满人文情怀。

一、科学课堂应该有发现精神

人类是天生的发现者，儿童尤其如此，他们有比成人更敏锐的目光去发现事物的变化并得出规律。

中国古人正是在日常的劳动中观察月相及星空的变化，从而推演出中国历法。中国历法经过数千年的演变，将一年划分为12个月和24个节气，直到今天依然对农业起着极其重要的指导作用。在科学课堂上，如果把这些当作枯燥的知识传授给孩子们的话，效果一定不会太好。在我校的小学科学课堂上，每个二年级的孩子都会收到一张月相记录观察表，教师会在农历八月安排孩子们记录每天的月相变化。在每天的观察中，无需教师过多解释，孩子们就能明白新月、满月、残月、月亏、月圆这样的专业术语。

农历的历法一直是孩子容易混淆的一个知识点，二年级的小学生往往不能清楚地分辨公历与农历。通过月相记录的变化，孩子们自己动手记录，了解了农历历法的特点是从初一到十五，再从十五到三十。一个月过去了，孩子们收获的不仅仅是知道了月相会随着时间的推移而变化，变化的周期刚好是一个月，而且在观察记录的过程中了解了许多关于月亮的诗句和神话传说。科学这门看似纯理科的学科就这样与人文情怀相结合了。

特别值得一提的是，观察与记录本身就是学好科学最重要的方法。

二、科学课堂的创新思维

通过上述案例，我们可以得出这样一个结论：在小学课堂上，我们永远无须关注孩子们获得了多少知识，而应该关注这些知识对他们的生活是否有用。未来的时代是一个充满创新精神的时代，那么怎样让今天的小学生拥有创新能力呢？

在我校，科学课堂与少先大队部的"红领巾小创客"相结合，每学期都开展"红领巾小创客"发明小课堂活动。

在课上，易拉罐、雪糕棍、饮料瓶盖都成了创客的材料。连通器是一个非常简单的知识点，然而利用这个简单的知识点，把手中的瓶盖、吸管和饮料瓶做成一个液体滴漏器就不那么简单了。在这个发明创造中，孩子们需要把学到的连通器和大气压强等知识点全部整合起来，再通过动手实践方能连接出一个精妙的液体滴漏器。

低年级孩子认识树叶也是非常简单有趣的一课。但是枯燥的背诵掌形叶、心形叶是孩子们不擅长的。我校一年级科学老师根据孩子们的年龄特点设计了"寻找秋天，制作最美树叶画"的主题课程。每个孩子为了完成自己的作品，都去大量收集秋天的落叶。在收集的过程中，教师随机对树叶进行分类。在寓教于乐中，孩子们迅速掌握了叶片的类型，然后请教美术老师该如何完成树叶画的制作。这些叶片在短短一个星期内摇身一变，成了"美丽的云南花孔雀""神秘的海底世界"……一幅幅生动作品的背后是孩子们的奇思妙想，也是对他们科学创新精神的培养。

三、科学发展与人文情怀

我国的FAST天眼拍到了宇宙美丽的照片，这是科学家对浩瀚无垠的星空最美的艺术表达。科学课课堂也应该有这样充满人文情怀的艺术表达。我校开展了科技航模制作与"红船精神"相结合的专项活动。孩子们拼装航海模型，在每一块模型上编好序号，每一个序号背后都对应着一个建党小故事。在红船模型的拼装中，孩子们不仅感受到了什么是大国重器，而且通过实际动手拼装，了解到老一辈无产阶级革命家的流血牺牲和坚定信念，并深受革命精神的鼓舞。

科学代表着人类文明发展的水平，科技水平是各国现代综合国力较量的重要指标之一。今天的科学课堂应该充满科学精神的探索、创新意识的培养以及人文情怀的根植。让我们点燃儿童的科学精神，不负文化传承的使命。

生命教育，护航成长

　　近日，上海市长宁区一份关于青少年心理健康"预防青少年自杀"的调查问卷，在网络上引起热议。因为问卷上的一些问题，不像是普通调查的问题，而像是对青少年进行自杀性问题的引导。许多家长在了解了这个问卷后，都深表忧虑，认为这些问题会使本已脆弱不堪的青少年心理变得更加脆弱，甚至会引导孩子走向极端。

　　网络上一款叫作"蓝鲸"的游戏引发多名青少年自杀。这是一个起源于俄罗斯的死亡游戏，在我国已有多名青少年疑似受这个游戏的组织者控制而花季陨落。

　　这些问题促使我们对生命教育进行反思。华东师范大学吴遵民教授在主题报告中这样强调："我们的学校教育怎么了？我们的学习让孩子充满了绝望，他们对生命都不再留恋了，还何谈成人成才？"

一、生命教育不能漠视生命

　　关于人之初性本善还是性本恶的争论，是自古以来的哲学辩题。今天我们在这里姑且不讨论这个辩题哪一方是正确的，儿童从出生到小学阶段确实对生命缺乏基本的认知和了解。我们经常会看到许多小朋友在对待一些小昆虫时，手段极其残忍，他们不会顾及小昆虫的感受。这是因为他们尚未形成人生观和价值观，对自己身体以外的生命没有足够的同情，而同情是教育至关重要的一环。

我曾经听过这样一堂小学语文课——《认识昆虫》。为了达到更好的课堂效果，教师提前布置学生在草坪上抓来各种各样的昆虫带到课堂，在课程最后一个环节，教师带着学生把这些昆虫放归大自然。在课后的反思过程中，授课教师讲到自己认为这节课最好的一个环节就是将昆虫放归大自然。他认为通过这个环节可以让儿童认识生命，了解生命，尊重生命，实现人与自然的和谐相处。

课后，我与授课教师交谈时，开诚布公地提出了自己对这个环节的不同看法，我讲道："第一，您是否考虑到这个环节之前儿童在草坪上捉虫子经历过什么？儿童会对小虫子做些什么？第二，您是否考虑过儿童带到课堂上的昆虫，可能是在家楼下的草坪上捉到的，也可能是在回家途中的小树丛里捉到的？"

在课堂上，教师统一安排把这些虫子放回学校的草坪，这样的做法真的体现了人与自然的和谐相处吗？这样的教学，看似进行了生命教育，实际上是对生命最大的漠视。对生命的教育绝不应该用课堂的一个教学环节来呈现，更不应该为了一个教学环节的呈现，让儿童认为自己是万物的主宰，可以随意捕捉一个生命，释放一个生命。当儿童以上帝的视角随意处置一条小生命的时候，他本身就是漠视生命的。

我们应该清晰地认识一节课的学科特征和学科本质。首先，这是一节语文识字课，其首要任务是认识与昆虫相关的字，潜移默化地学习识字规律；其次，在认识了虫字旁的字后，我们再把这些字与生活中的昆虫等小动物相联系，让儿童认识到世界上有这么多可爱有趣的生命；最后，通过阅读短文，一一了解这些生命不同的生活习性和特征，引导儿童留心观察，这才是语文识字课最应该把握的主旨。

当然，任何一个学科都可以有机地进行生命教育的渗透，然而这种渗透不能脱离学科本质，更不能建立在对生命的漠视之上。

二、正确认识生命

小学科学课程包括种植和养殖的内容，小学语文也有观察植物、动物的习作课程。面对这样的教学内容，我们该如何开展生命教育呢？以小学语文课的"动物观察日记"为例，在进行这部分内容的教学时，我们不能急于求成，要求学生在一节课内完成写作。对动物的观察应该是一个相对长期的过程，许多儿童在家中没有饲养宠物的经历，要他们写一篇动物观察日记难度较大。许多儿童会东拼西凑完成作文，如果这样的作文老师反而给了高分，那么儿童会对习作持有一种怎样的观点呢？那就是生命不重要、观察不重要，分数最重要。

因此，在实际教学时，我们可以提前一个月让儿童饲养小动物，可以是一条小金鱼，也可以是一只小蜗牛。第一个星期，我们只布置一个任务——给你的宠物起个名字；第二个星期，我们可以尝试让孩子简单地记录小动物进食、排泄的特点与规律；第三个星期，我们可以尝试让儿童动笔用几句话来描写小动物的样子，看看能不能通过自己的描写让别人猜出所写的小动物是什么；第四个星期，我们可以引导儿童回忆与小动物之间发生的趣事。这样，四个星期过后，儿童笔下的写作是充满生命力的，是充满他和这个小生命独特的体验的。写作后，儿童和这个小生命之间会产生难舍难分的感情，与他相处了这么久的小动物，他是绝不忍心随意遗弃的。

三、守住生命的底线

儿童的世界充满无数的未知与好奇，使得他们似乎对一切都感兴趣。为此，我们的生命教育课应该告诉孩子们什么是"安全生命线"。我们在教室墙壁的安全板块画了一条弧形的线，让孩子把生命中不能触碰的安全底线以图画、照片、诗歌、文章等形式展示出来。于是，孩子们稚嫩的小手画出了"过马路、守交规"的图画，写下了"夏季吃野生菌预防中毒"的歌谣，还有孩子为大家带来了"防拐骗"的相关视频。

学校的生命安全教育课，应该不仅仅由教师来讲，还应该延伸至家庭、社区、社会。学生、家长、医生、警察……都应该成为"安全讲堂"的讲师，成为校园的"安全宣讲员"，让儿童守住生命安全底线，这样才能为儿童的健康成长保驾护航。

体育赋能成长

云南师范大学刘坚教授在"以问题为导向，深化中考体育改革"的讲座中强调了体育教学的重要性。今天，如何因地制宜地、创造性地在学校开展体育教育成为学校最应该思考的问题。

一、保障体育活动时间是学校的顶层设计

科学研究表明，预防儿童近视最有效的方式是每天户外运动两个小时。"双减"政策落地后，学生的在校时间一般为早上8：30至下午5：30。以秋季学期的北方地区为例，下午5：30放学，天色已黑，加之北方天气寒冷，学生放学以后再进行户外锻炼的可能性很小。因此，有效利用在校时间进行两小时的户外锻炼就很有必要。

我校在"双减"政策实施以后，首先确定了每天一小时的大课间活动，即上午半个小时户外跑操，下午半个小时课间操，在跑操和课间操前又分别加上了眼保健操。这样的设计基本可以确保学生一天一小时的户外运动以及两次眼保健操，对预防学生近视起到了很好的作用。

在体育课时的安排方面，我校严格落实国家标准，一、二年级每周不少于4节体育课。这样的课时安排对体育教师的工作量是一个考验，同时学

校将俱乐部与体育课做了双向融合。承担我校足球校队训练的俱乐部，每学期无条件支持各班级一节足球课，这样就最大限度地弥补了体育教师数量的不足，保证了体育课足量开展，也普及了足球这项运动。

学校还利用下午3：30课后服务时间与各俱乐部合作，引入了轮滑、足球、篮球、跆拳道、搏击等体育项目。这样综合测算下来，学生每天在校基本上可以进行两小时以上的户外运动。

二、体育教学是拔节孕穗的过程

刘坚教授在讲座中特别提出，体育教学要符合学生的年龄特点，使学生在各个年龄段得到必要的身体素质、技术、技巧方面的训练。体育教学就是学生拔节孕穗生长的全过程，错过了最佳训练期，学生的身体素质就得不到提高。体育课同样存在着"少壮不努力，老大徒伤悲"的感慨。

以学生身体柔韧性为例，如果错过了最佳训练期，那么学生的身体柔韧性将不能得到较好的发展，成年后做技术动作时就会受韧带的限制，也较容易受伤。

因此，我校每年冬季运动会的项目都按照学生的年龄特点进行设置，低年龄段以跑、跳、投掷和趣味运动为主，重在落实国家体测项目的普及以及对学生体育兴趣的培养；高年龄段则增设中长跑等需要耐力的项目，为学生步入初中应对体育中考打下基础。

除一年一度的田径运动会以外，学校还定期召开特色运动会，如"毕业杯"篮球赛、"飞鱼杯"游泳比赛以及"校长杯"足球赛等。学校通过以上赛事的设置和普及，让学生在小学阶段掌握多种运动技能。

学校还选拔各项运动的精英，组建特色运动队，参加省市区级大型比赛。学校轮滑队曾获得云南省2019假日杯U8组轮滑球团体第四名，飞鱼游泳队曾获得昆明市中小学游泳运动会团体亚军，滇峰篮球队曾获得昆明市"萌芽杯"篮球赛冠军。

三、体育教育与学科融合的尝试

我校"滇鸥"啦啦操队在参加云南省啦啦操比赛时，规定动作是"春晓"，这是一个将古诗《春晓》谱以现代韵律的曲子而编排的啦啦操节目。队员们出色的表现捧回了团体二等奖。

受此启发，我校尝试将体育教学与学科融合。每周的大课间，我们至少有一天是做规定动作啦啦操"三字经"。在跑步、跑操结束后的放松运动时，我们播放的放松曲目是"笠翁对韵"。

小学生的体育课也需要一定的理论指导。啦啦操队员的柔韧性和软开度是很重要的。为了提升队员们的软开度，我们将北京舞蹈学院线上的解剖课引入训练教学。通过课堂上老师生动的讲解，孩子们认识到了腿部肌肉、髋部肌肉的分布走向，对横叉、下腰等技术动作有了科学的认识，知道了有意识地提升髋部肌肉能力来完成上述动作。这样的设计不但迅速提升了队员的软开度，而且避免了队员在训练中受伤。

体育老师在做立定跳远的技术讲解时，将立定跳远的动作与数学课上的抛物线做了学科融合。在讲解技术动作时，体育老师将孩子们带回教室，在黑板上画出了立定跳远空中抛物线，再结合动作技术要领进行讲解，使孩子们清晰了解了立定跳远需要如何掌握起跳时机，又该如何完成落地动作才能达到较好的效果。

体育教育是真正以人为本的教育，它关注的是一个人生命发展的过程，提升的是一个人的身体素质，只有强健的体魄才是学生后续学习工作的持续保障。一所学校体育教育的水平代表着这所学校的办学水平，一所学校的体育竞技精神代表着这所学校的学习风貌与拼搏精神，一所学校体育课程的设计体现着这所学校的体育教研能力。我们要重视体育教育，让体育为儿童的成长赋能，让体育为学校的蓬勃发展赋能。

COP15语境下的生物多样性保护与利用

2021年10月，联合国《生物多样性公约》缔约方大会第十五次会议在昆明召开。云南省的许多学校都开展了关于生物多样性的教育和宣传，普及了本次大会的主题"生态文明：共建地球生命共同体"。

西南林业大学教授杨宇明在讲座"COP15语境下的生物多样性保护与利用"中，对什么是生物多样性以及如何建构地球生命共同体等问题进行了阐述，他以生动鲜明的案例强调了保护生物多样性的重要战略意义，对小学学校教育中科学课程的开展有较大的启示。

一、科学课唤起儿童对生物的兴趣

杨宇明教授在讲座中提道：云南省地形复杂，以海拔落差替代纬度跨度，使得这一地区的生物种群极为多样。一张张图片的展示将我的思绪带回到多年前的科学课堂上。

那节课上，我带领孩子们认识蜗牛。教学参考书对蜗牛的生活习性有这样的描述："蜗牛喜欢潮湿。"如何在课堂上让孩子们感受到蜗牛的这一习性呢？我决定通过实验来完成。我将蜗牛放在一个装满土的小盒子里，在课堂上，当着学生的面将土的一半淋湿，然后观察蜗牛的反应。不到10分钟，蜗牛以缓慢的速度慢慢地爬到了湿润的土壤一边。孩子们看到这一现象时，发出了一片欢呼。

"蜗牛喜欢潮湿"的实验，引发了孩子们极大的兴趣。我趁热打铁，让孩子们继续观察、研究蜗牛。孩子们通过深入观察，得出了以下结论：因为蜗牛喜欢潮湿，所以雨后我们常在路面上见到蜗牛；一旦潮湿的环境不复存在，蜗牛就会将自己缩回壳里，保持身体的湿润。甚至有的孩子通过家里的放大镜观察到了蜗牛进食时，头部密密麻麻的细小的牙齿（2万多颗）的蠕动。

儿童天生就对生物的观察研究具有浓厚的兴趣，教师在课堂上加以适当的引导，会激发他们的天性和对生物学的学习兴趣。

二、植入科学的生物学概念

在进行生物多样性概念解读时，杨宇明教授特别提出，生物学重在科学的思考、科学的分类，特别强调微生物在生态环境中的重要作用。

学校的科学实验室里有水族箱这样的微型生态系统。在科学课课堂上，学生通过对水族箱的观察认识，可以初步掌握动植物分类，认识食物链，树立生物学概念。

学生通过对水族箱的清洗，可以认识鱼类、水草以及浮游藻类。在一次教学中，我们将硝化菌这种微生物引入水族箱。在硝化菌的作用下，鱼类的排泄物被迅速分解并得以有效利用，还原了自然生态中的水质净化过程。这一现象引发了儿童的巨大兴趣，他们通过阅读硝化菌的相关资料，了解到硝化菌进入水中后的基本工作原理，认识到了在自然界中存在这样一群看不见却极为有用的微生物。

三、博物课程的开设

杨宇明教授在讲座中展示了由他的团队研发的基因工程成果——七彩

红竹和红秆箭竹。他强调这一段基因编码在竹子外表以紫色的色彩形成表达，得到了美国基因银行的认证，正式成为一个新的基因序列。对于基因工程的研发我国还有很长的路要走，全球最完备的基因银行实验室设在美国，在生物工程方面，许多发达国家已经领先了很多。

纵观小学教育，我们应在小学阶段重视对儿童博物课程的开设。许多家庭、学校没有为儿童建立起博物的概念，走进博物馆也只是参观历史、人文方面的文物。国内许多省级博物馆也只重视历史方面的文物展示，云南省博物馆的陈列显得较为先进。学校可以开设博物馆课程，带儿童走进博物馆，认识矿物、植物和动物，让儿童初步建立博物的观念。

学校图书馆要定期更换博物类杂志，也可以通过有声图书馆、校园E站订阅相关内容，对儿童进行科普。

抖音上一个名为"无穷小亮科普日常"的账号，拥有1900多万粉丝。无穷小亮本人是博物杂志的副主编，是中国国家地理杂志社融媒体的主任，他通过"网络热门生物鉴定"吸粉无数。他的订阅群体主要是青少年儿童。

保护生物多样性的一个显著特点是可持续发展，而教育亦是如此。我们在教育中应该重视对儿童可持续发展方面的培养，在儿童心中埋下一颗科学的种子，让他们对科学研究产生浓厚的兴趣，用科学的思维去研究科学的问题。

今天，国家比任何时期都重视儿童科学思维的培养，从小学一年级就开设了科学课，观察、思考、记录，每一个环节都在小学阶段显得尤为重要。坚持建设好科学课堂，做好儿童可持续发展教育，才能共创多样性共同发展的美好明天。

呵护儿童心理健康，培养阳光少年

压力过大是当前人们心理问题产生的主要成因之一。云南师范大学教育学部心理学教授周宁老师用网络上的几个爆款图片来测试教师们的压力值，并通过鲜活的案例分享告诉大家"生活中压力无处不在"，我们要正确看待压力，并且学会应对压力的基本策略。

生活中压力无处不在，它可能来源于工作，也可能来源于家庭，那么压力是否专属于成年人呢？不是，现阶段我国青少年心理健康问题不容忽视——许多儿童在小学阶段就出现了由学业过重导致的心理问题。

近年来，国家不断加大对青少年心理健康问题的重视力度，大部分学校都建立了心理健康咨询室，教育部也正式将儿童抑郁症的筛查纳入学生体检的范畴。但是学校的专职心理健康教师数量毕竟有限，那么在日常的教育教学中，我们应该通过怎样的方式及时发现和疏导儿童的心理问题呢？我认为应该做好以下几个方面的工作。

一、正视问题，及早发现

作为教师，我们首先要承认儿童是有可能存在心理健康问题的，当儿童出现异常情绪或学习成绩突然下降的时候，我们不要过多地把它归结为智商层面和努力层面的原因，而应该深究其背后是否有过重的生活、学习压力，深入走访儿童的家庭，找到解决问题的最佳方案。

小王是三年级时转入我所在的班级的。该同学刚来到班级时，我就发现他有许多与众不同的地方。比如，他的书写很差，已经三年级了，书写汉字时仍不能规范地写在田字格里，笔画会超出格外；回答问题时，他的口头禅非常多，常常是问题还没回答出来，已经引得全班哄堂大笑；更特殊的情况是他非常喜欢啃手指，10个手指上的皮肤已经全部被啃破了。多年的教学经验告诉我，儿童一些不受控制的动作往往反映着他的心理的问题，如有的孩子习惯在课堂上趴在桌子上，用手臂紧紧地环住头，这往往是父母吵架时儿童下意识的保护动作。

对此，我们必须透过从小王身上看到的现象，来寻求其心理问题的本质。

二、家校沟通，寻找根源

我将在学校里观察到的情况与小王的家长做了一次推心置腹的长谈。在交谈中，小王妈妈向我介绍了他们家庭的基本情况：小王是家里的第三个孩子，是父母的老来子，他有两个姐姐，最大的姐姐已经在英国留学了。按道理说小王作为家里最小的儿子，应该是集万千宠爱于一身的，然而小王从小就有一个很大的问题——做动作很笨，无论是跑、跳这样的大动作，还是绘画、剪纸这样的精细动作，他都显得不灵活。所以，父母常常恨铁不成钢地对小王进行批评指责。两个姐姐因为年龄比他大很多，也经常用家长的语气和口吻跟小王说话，久而久之，小王在家里变得沉默寡言。

提起小王转学的原因，更是让我大吃一惊。在原来就读的学校，因为课业负担较重，小王手指不灵活，不能按时完成作业，老师经常留他在教室里补作业。在一次放学后，所有同学都离开教室了，只有小王一个人面对着写不完的作业，他突然站到了教室的窗台上，想要跳下去，幸亏老师及时发现，把他救了下来。经过此事，老师和家长都非常害怕，所以才动了给他转学的念头。

听了家长的介绍，对小王表现出来的行为，我心里大概有了底。小王出现心理问题首先是因为他动作发展不灵活。这里的原因可能是多方面的，有可能是他在幼儿时期前庭发育失调，也有可能是知觉障碍。但是小王的家庭并没有正视这一问题，而是不断地给他施加压力，导致小王对自己的手指产生了强烈的痛恨、厌恶的情绪，因此他用啃咬手指皮肤这样的动作来发泄。

问题的原因基本找到了，下一步我们就该寻求解决问题的方法与策略。

三、阳光运动，健康成长

我对小王的父母说，解铃还须系铃人，既然他的根本问题在于动作的失调上，那么最好的办法就是通过运动进行弥补。

我在班级中成立了篮球、排球小分队，根据学生运动水平的不同分为若干个训练小组，我把小王放在了几个脾气好、包容性强的同学当中。经过一段时间的训练，小王对篮球的兴趣高涨。于是，父母在我的建议下为小王聘请了专业的篮球教练，进一步提升他的篮球技术。这一次，小王没有像学习、阅读和写字那么恐惧了，而是不怕苦、不怕累，终日泡在篮球场上。为了提高弹跳能力，他每天都腿上绑着沙袋来上学，汗流浃背。一段时间以后，他的篮球技术突飞猛进，人际交往也变得熟络起来。在篮球小组，他结交了一群好兄弟，学习上有困难时，兄弟们都会挺身而出担当他的学业教练。

渐渐地，小王啃手指的次数越来越少，课堂上注意力集中的时间越来越长。随着篮球技术的不断提升，他手指的灵活度也在不断提升。字写得虽没有变好看，却也一笔一画地规范起来。

如今的小王已经是广州一所工程学院的学生，他的理想是毕业后成为一名飞机机械师。这个身高1.85米的大男孩，在一次回到母校时，动情地对我说："老师，感谢您在我最无助的时候用篮球拯救了我。"

小王的故事告诉我们，儿童一样存在着各种各样的心理问题。学会给他们减压，是每一位教育工作者必须面对和正视的问题。及早发现、加强沟通、阳光运动，对于减轻中小学生心理压力有着极为重要的意义和作用。让我们正视儿童心理问题，呵护儿童心理健康，为他们的成长保驾护航。

从"阿者科"看教育

2021年高考全国一卷文综试题中有这样一道地理题，题目内容涉及的是云南省红河哈尼族彝族自治州元阳县的阿者科村。

阿者科村地处大山深处，终年云雾缭绕，千百年来受生产力落后的制约，居民们世居在有特色的蘑菇房内。而这个小村落却是红河州申请世界文化遗产哈尼族梯田的5个自然村落之一。因高考题，这个小村落成为网络上的热门打卡地，许多游客慕名而来。这背后，是中山大学保继刚教授团队发展旅游扶贫的"阿者科"计划。

有专家团队试图采访阿者科的村民，让他们来谈一谈高考题目——集体公司脱贫致富的优势在哪里？世居此地的阿者科村民用最朴实的一句话表达了他们的优势："有家的地方有工作，有工作的地方有家。"

这样简单的一句话，却蕴含着极为深刻的教育内涵。它提醒着我们，今天的教育者该以怎样的眼光看待教育，又该如何定义教育的目的。

一、教育是一项使命

其实阿者科的走红是一个必然，因为为之付出巨大努力的中山大学保继刚教授团队身上有着强烈的使命感。在为阿者科村拍摄的旅游宣传片中，他们以这样一句话作为点睛之笔："你的一眼就是哈尼族的千年"。他们用这样的使命担当来帮助阿者科村民成立集体公司，规划旅游发展。他们培训村民，让村民逐渐形成自我管理的意识，让"有家的地方成了有工作的地方"，让更多的村民感慨道：在外面打工的生活很艰辛，如今家门口就有这样好的条件和工作，大家愿意留下来继续世居已久的生活。人愿意留下来，文化才能留下来，生活才能继续，文化才能传承。"阿者科"计划就是用这样的方式保护了千百年来哈尼族形成的特有文化。

今天，我们的教育尤其需要这样一种使命感，即通过教育，让人成为人，让文化得以延续。教育要唤醒人内心的情感，让人们可以在世居的环境中继续有尊严地生活，让存续了千百年的特有文化得以传承。

二、教育是一门生态学

生态学中有"生态位"这样一个概念。它是指在一个庞大、复杂而多样的生态系统中，每一个生物物种都应该从中找到自己的生态位，这样才能使整个生态系统良性循环，不断发展。

教育也应如此，我们应该通过教育尽最大可能保护已有的文化生态和自然生态，保护文化、民族、生物的多样性，只有这样，才能使我们的社会具有可持续发展力。

保继刚教授在阿者科村成立村民公司之后，制定了分红条款，对哈尼族世居的蘑菇房制订了极为详细的保护条款。继续居住在蘑菇房内的村民，每年增加分红比例，而将蘑菇房租售的村民，则会在分红中进行相应的扣除。保继刚教授特别强调，村民要按照自己原有的生活状态去生活，不过度开发，更不能破坏村子的风貌，特别是要种好梯田。因为绿水青山就是金山银山，千百年来的民族文化，就是最宝贵的财富。

三、教育是一项工程

"阿者科"计划的成功，不仅使千百年的哈尼族文化得以延续，更是为哈尼族文化的继续传承奠定了基础。可以想象，随着旅游收入的不断增加，越来越多的村民将从城市返回家乡，并投身于保护家乡的工作。

"阿者科"计划的成功告诉村民，保护自己世居的环境、传承自己民族的文化就是为子孙后代积累财富，今天的每一项保护措施都是功在千秋的大工程。

教育也应如此。教育是一项最大的民生工程、良心工程，每一个做教育的人都必须抱着"功成未必在我，功成必定有我"的信念，从从容容做教育、扎扎实实做教育。

日本著名学者佐藤学先生认为，教育的改革是一项极为缓慢的工程，因为教育本身的结构具有极强的稳定性和传承性。让我们静下心来认真分析，科学地规划发展，在充分继承前人经验的基础上大胆改革创新，让教育的情怀得以滋养，让教育的使命得以传承，让教育使更多的人能在有家的地方有尊严、有质量地生活。

书读百遍义自见

　　开卷有益，读书好处多，这是自古以来人们的共识。教育思想的形成离不开阅读。在阅读中，我们可以感悟人类先贤的智慧，与伟大的灵魂对话；在赫尔巴特的《普通教育学》中感悟"没有无教育的教学，也没有无教学的教育"；触摸《陶行知教育思想》，让生活成为教育本身；一起做《麦田里的守望者》，与儿童一起踏上生命发现的旅程……

让教育以人类的名义焕发光辉

今日读《普通教育学》，自觉实在难读。原因有二：一是作者赫尔巴特生活在18世纪到19世纪中叶，他精通多种语言，而本书应该系德语著作，在不了解德国的语言体系和表述习惯的情况下阅读，难度的确非常大；二是赫尔巴特有较高的艺术造诣，甚至在1808年公开发表了他创作的一首奏鸣曲。回顾那个时期的德国，正处于巴洛克艺术风格的顶峰时期，因此本书有一种强烈的、复调式的、协作式的理论阐述。单纯靠一般的线性阅读，很难完全融会贯通。

赫尔巴特对后世的影响着实很大，作为一个新时代的教育者，我想对赫尔巴特加以赞美，却终难找到一个词语，我想用这样一句话来表达敬意：让教育以人类的名义焕发光辉。

一、他率先从哲学的角度来思考教育，并最终将教育学独立为一门学科

赫尔巴特早年在耶拿大学的求学经历，使得他善于以一个哲学者的思考方式来审视教育，因此他站在"教育的目的"这个角度进行深入的思考："教育要求达到什么目的，是由人们对事物的见解所决定的。"赫尔

巴特强调"发现"，提出："个性只能被发现""教育者应当善于利用他所发现的一切"。

赫尔巴特是第一个旗帜鲜明地提出"教育者第一门科学就是心理学"的人。毫不夸张地讲，这一主张使他凭借一己之力，在几个世纪前将教育独立为一门学科，并将其带入科学研究的大门。

尽管如此，赫尔巴特却依然没有武断地用心理学来推断"学生"。他告诫教育者："事先对一个学生做出构想，这本身就是一种错误的做法。"

赫尔巴特就是用这种巴洛克式的、复调式的娓娓道来向人们阐述——要想从根本上建立教育学，就必须明白教育想要得到什么。

二、赫尔巴特对教育性教学的思考为后世基础教育学校的学科设置指明了方向

在"清楚、联合、系统和方法"教学四阶段的基础上所提出的"准备、提示、联合、概括与运用"的五段教学流程，直到今天依然有教师在采用；单纯教学、分析教学和综合教学的提出，为后世的基础教育学校在学科设置方面指明了方向。

赫尔巴特在教学的分析过程中强调"思辨、鉴赏、同情和宗教"，这一理论为许多人文学科乃至自然科学的学科性质做了奠基。时至今日，我国高中语文课程标准依然将学生的审美情趣、批判式思维能力写入了核心素养。

最为精彩的是赫尔巴特关于个性、兴趣和教学之间关系的阐述。他在200多年前，形象地为我们描绘出立体化育人和线条式教学的图纸，清晰地在我们眼前建构出——教育是以一个圆点拓展同心多边体的过程，这个多边体不必一定生长为球状，允许上面有个性的小突出；这个多边体也永远不必将最外层的突出部分包括进来，即不去破坏人的个性特征。

教学，一方面应是教育者以线条式的时间流系住学生的智力活动，另

一方面应满足认识与同情的平衡，以充满希望的心灵产生丰富的教学内容。

所以，我更倾向于将教学的四个步骤分为书中64页的归纳，即指明、联结、教导、给予哲学的观点，而有关同情的教学事项应为直观的、连续的、令人振奋的、深入现实的。

教学，应该是认知与同情的平衡与统一；教学，也应该是教育的核心。

三、赫尔巴特平等的育人观

尽管早年接受了优质的教育，而后又在贵族家庭中担任私人教师、在大学任教，但这些都丝毫没有影响赫尔巴特平等的育人观。他认为："每个学生不管其身份、地位有何差别，都必须养成求学的习惯……"

赫尔巴特温和而充满自由主义色彩的政治观以及他对"教育"的笃信，使得他心无旁骛地坚信通过教育可以组建一个"有灵魂的社会"。他承认个别儿童有反社会人格的倾向，却试图用教育来阻止它发生。他甚至将一个人的知识与道德挂钩，尽管这样的做法在今天看来是有失偏颇的。

四、训育对后世学校德育的影响

赫尔巴特强调对儿童的管理，认为教学应建立在秩序的基础上，但他同时认为应通过管理达到德育的目的。他提出训育，却不曾把训育从教育中独立出来，而是将其与认知、同情共融，这实际上是学校德育的原型。

尽管在儿童管理的措施中，他首先提出的是"威胁、监督、权威"，但他最终依然将管理的落脚点选择在"爱"上。赫尔巴特从未否认过儿童管理中的强制做法，但是他又谨慎地提出："真正的教育不应该是生硬的。"

时至今日，教育部已经颁布了《中小学教育惩戒规则》，然而，广大教育工作者面对这一"尚方宝剑"仍持观望态度，认为规则中一些关于惩戒的提法较为含糊。我们不妨从《普通教育学》这本书中寻找答案。《中小学教育惩戒规则》中对惩戒权的表述提及了"学校应当结合本校学生特点，依法制定、完善校规校纪"。赫尔巴特认为在对儿童的管理中要在儿童身边建立秩序，让儿童感受到这种秩序，并最终接纳这种秩序，自觉地去遵守这种秩序。

因此，赫尔巴特带给后世对德育的思考是，德育从来都不是孤立于教学之外的，德育也不应该、不需要回避惩戒权，而在对惩戒权、管理措施的使用方面，原点一定是基于爱和秩序的建立。

五、赫尔巴特对"我看语文教学"的影响

不得不承认的是，当一个精通自然科学、理性思维的人研究人文学科时，他的思维习惯决定了他对这门学科从根基开始的思考方式。

赫尔巴特将教学步骤阐述为事物、形式、符号，而语言文字教学属于其中的符号。但是，我们必须注意的是，语文教学实际上是母语教学，语言文字是我们表情达意的符号，更是我们生活的一部分。对母语的语言符号的认知不能回避对民族文化的共情。语文学科工具性与人文性的统一正印证了这一点。

一个优秀的语文教师，首先应该是一个发现者——善于发现教材中能够与儿童产生共情的地方；善于发现儿童的认知点、认知能力，找到他们的最近发展区；善于发现教学中经验与实际的联合点。

对《普通教育学》的阅读燃起了我对进一步阅读赫尔巴特另一著作《教育学讲授纲要》的兴趣。如果这算是一个评价标准的话，我想，这是我的收获，也算是一点成功。

纯净地育人，自然地成长

260年前，法国著名思想家卢梭创作了一部教育学著作——《爱弥儿》。文中的爱弥儿是一个无父无母的婴儿，他完全信赖并依附于自己的老师卢梭。爱弥儿的成长历程，在200多年间启发了无数教育家的思索，也指导着现代教师的教育教学行为。

一、全科育人的艺术

我们需要树立的是培育一个自然的、全面的、纯粹的人的观念。我们要培养的不是一个计算的机器，也不是一个写作的程序，而是一个有血有肉、会感知、能表达、有情绪变化的活生生的人。

当下，在一个自然人的生活中，我们没有办法清晰地分辨出哪一部分属于他的计算，哪一部分属于他的语言，哪一部分属于物理知识，哪一部分属于对政治制度的理解。

在学校里，我们需要提供更多的全学科、全方位的育人环境，让学科得以融合，并以项目化推进的方式，让儿童在完成一个项目的过程中发展全学科素养。

在学校举办的艺术节、科技节等活动中，儿童不应该总是以一个参与者的身份被动地欣赏，他们应该成为这些活动的主持者、策划者。在这些实践活动中，儿童所学到的知识被现实生活迅速激活，并形成一个个可链接的模块。这个链接的过程就是培养一个全面的人的过程。儿童在这里学到的不再是枯燥的书本上的计算方法，而变成了现实中座位的统计摆放，汉字也不再只有组词造句等形式，而变成了策划书、邀请函和主持词。

二、道法自然的信念

教育是一门自然的艺术，要相信每个儿童都是天生的学习者。这一点对于语文老师来讲尤为重要。

每个儿童在进入一年级的时候，其语言积累也就是词汇量是不均衡的。在一年级的教学中，我们往往会发现这样的现象——有的孩子几乎不用教师教，他们什么都会；有的孩子却显得特别吃力，他们往往连翻书、提笔都非常困难。

这时候我们的老师会显得很焦虑，会专门针对这些学生做专项训练，也会找他们的家长谈话，把学生在学校的情况比较委婉地告知家长，希望引起他们的重视。这时，我们在给家长传递这样一个信息："你的孩子已经输在了起跑线上。"而作为家长，在接收到老师这样的信息后，往往显得更为焦虑，于是这个孩子便无休无止地加倍地背诵、抄写、计算、阅读。

孩子们天生敏感，他们能从老师和家长的表现中捕捉焦虑，导致他们对自己的学业也感到焦虑，实际上这样的焦虑与他们的年龄是不相称的。

遇到这种情况，教师首先要树立一个坚定的信念，就是对于一年级语文方面的知识，不论是语法还是生字，孩子总会随着年龄的增长自然而然地掌握。现在他们表现得很吃力，往往和他们的家庭环境以及语言积累有关。

当前教育的主要问题是许多家长为了省事把孩子交给手机来陪伴。手机会对孩子产生非常强烈的刺激，因而牢牢地吸引着他们，他们只要有了手机就不哭不闹，一直用手指滑动着观看。然而手机带来的弊端也是显而易见的，那就是手机没有交互，孩子在这样的环境中成长是没有办法进行语言实践的。

因此，对于一年级刚刚入学的儿童来说，我们不妨做这样一个小测试，即要求家长配合我们在一个星期之内记录下孩子说话过程中出现的词汇，如果词汇量明显低于3000个，那么只需要拿出更多的时间陪伴孩子多说话。在生理发育正常的情况下，没有儿童学不会说话。我们要坚信这一点，这样才能让儿童在轻松愉悦的环境下学习语言，并最终感受到语言的博大精深。

三、把握当下的能力

今天的教育略显浮躁，主要是因为我们不停地给儿童和家长制造一个悬浮在空中的幻影——如果你今天努力学习了，明天就会有好的结果。然而颇有讽刺意味的是，谁也不知道明天会有怎样好的结果。儿童和家长就在我们所描绘的明天中被迫陷入学习、补习的怪圈。

今天的教育缺少的是教给儿童把握当下的能力。比起未来不确定的明天，把握当下，走好今天的每一步，才是最重要的。不积跬步，无以至千里。

让我们静下心来，以纯净育人的心态和儿童一起自然地成长，不带任何功利色彩地面对今天手中的每一个音符、每一次锻炼、每一次阅读，我们会发现这才是教育的纯粹之所在。

生活即教育，处处可践行

第一次听说陶行知这个名字是在儿时，那时我咿呀学语地背诵："人有两个宝，双手和大脑……用手又用脑，才能有创造。"陶校长在孩童时代的我的心中种下了一个词语——"创造"。

读师范大学时，教学法老师绘声绘色地向我们讲述了陶校长用4块糖教育小男孩的故事，我在下面听得热血沸腾。我感慨为什么自己没有遇到陶校长那样的老师，我暗下决心，要做像陶校长那样的老师。陶校长在青年时代的我的心中种下了一个词语——"信念"。

走上讲台后，我带着孩子们学习陶校长的《每天四问》。学完课文后，孩子们围着我问："老师，陶校长在哪个学校当校长呀？"我说，陶行知是老师们的老师，是校长们的校长。孩子们又天真地问："那陶校长也教过你喽，他教你什么了？"于是陶校长和这群天真的孩子们一起在我的心中又种下了一个词语——"思考"。

阅读《教育家陶行知研究》一书时，我幸得书作者华东师范大学蒋纯焦博士的导读，使我在阅读中跟随着陶行知先生求学、从教、办学的人生历程，感知到生活教育理论的提出、形成、发展、完善的全过程，从而使我对陶行知先生教育理论的认知从原来的点点滴滴逐渐清晰立体起来。

如果说原来对陶行知的教育理论是冲动式的经验似的热爱，那么读完这本书后，我开始沉淀下来，对陶行知生活教育理论有了理性的思考。

一、用正确的思维方式解决问题

何为正确的思维方式，即每一个教育者都应该是一个善于发现问题、解决问题的人。在发现问题、解决问题的过程中总结前人已有的经验，形成自己的观点、看法并加以逻辑论证，这便是教育研究者应有的思维习惯。

如果在解决问题的过程中，我们暂时还不能形成自己的教育理论，那不妨就以生活教育理论为基石尝试解决。

我校低年级学生在中午用餐时总会倒掉大量的剩饭造成浪费。每每看到残渣箱里倒掉的食物教师们总是痛心不已。那么该如何解决这一问题呢？

我们从陶校长带领村民打井的故事中受到启发：生活即教育，社会即课堂。

每日送餐公司的叔叔阿姨们满头大汗地在楼道里穿行，把30公斤重的餐箱从一楼一步一步搬上来，这些本身不就是最好的生活教育吗？

我们把这些送餐工人辛苦劳作的画面拍下来，在屏幕上滚动播放给孩子们看；又请送餐公司的总经理给我校的学生、家长共同上了一节课——《我们的中餐是这样做成的》。经理从每一项食材的采购、准备开始向学生和家长讲述了中餐制作和配送的全过程，反响极好。家长们看到了规范的管理，放心了；孩子们看到叔叔阿姨们的辛苦，被触动了。

二、整合资源，让生活成为教育

每年元旦，学校都要举办迎新合唱比赛。在去年的比赛现场我们邀请到了每一位中餐配送工人，让他们在前排就座，共同欣赏我们的合唱。

当听到孩子们用稚嫩的童声唱《听我说谢谢你》时，在座的工人师傅们激动地落泪了。经理感激地对我们说："感谢学校，我们的员工深受感动，送餐这么多年，从来没有得到过这样的尊重。"

三、行是知之始，知是行之成

有了好的成果不是结束，而是进一步探索的开始。

因为上述活动的倡导，孩子们用餐时不再浪费了，他们吃多少打多少，坚持光盘行动；孩子们变得眼里有光，心中有爱了。每当班级开展制作木瓜水等活动时，他们都会多制作几份分给楼层的送餐阿姨、保洁阿姨。

形成良好的风气后，我们又认真研究了陶校长的育才学校里的"小先生制"。学校以年级为单位设立了小监督员。这些监督员在少先大队部的带领下，每日中餐巡查，手持电子秤对各班倒掉的残渣进行称重，每周开展评比，让节约的风气在校园里蔚然成风。

生活就是教育，有好的生活才有好的教育。生活教育理论就是办好人民满意的教育的好理论。

学习生活教育理论，我已经出发；践行生活教育理论，我仍在路上。

边城之美，润而无声

　　《边城》是作家沈从文创作的中篇小说，成书于1934年。虽然那时的中国时局动荡，但在南方的一些边城小镇里，却存在着难得的平和与安宁。作家汪曾祺这样评价《边城》：《边城》的语言是"沈从文盛年的语言、最好的语言。既不似初期那样地放笔横扫，不加节制；也不似后期那样过事雕琢，流于晦涩。这时期的语言，每一句都'鼓立'饱满，充满水分，酸甜合度，像一篮新摘的烟台玛瑙樱桃。"

　　《边城》所描绘的极美的湘西风土人情、纯粹的爱情故事是值得每一位语文老师阅读并推荐给孩子们阅读的难得的佳作。

一、自然之美，山水画般的景物描写

　　作家沈从文对湘西的风土人情充满眷恋和赞美。他笔下的边城茶峒，青山被绿水环绕，水中游动着白鸭，端午节水面上会有隆隆作响的擂鼓赛船，这些景物都是那样的鲜活立体。

　　这类景物的细腻描写对于小学阶段的儿童来说是极为难得的阅读范本。在阅读中，教师可以指导学生专门勾画出此类语言，让孩子反复诵读，体会其中的意境与美感，起到内化语言的作用。

儿童时期特别是小学阶段的阅读，最重要的是语言的积累和语感的内化。沈从文先生的语言质朴动人，绝无过度的华丽辞藻的渲染，那么水到渠成，那么自然贴切，可以为儿童打下丰厚坚实的语言基础。

《边城》是中篇小说，适合在课堂上作为整本书阅读推荐，也适合儿童在一周内完成阅读，并在课堂上进行阅读感受交流。

二、原始之美，生动鲜明的人物形象

有这样一个说法，"凤凰古城因沈从文先生的《边城》而闻名于世，如果熟知边城里的人物，可能对现在的凤凰古城感到失望，因为那根本不是沈从文笔下的边城；如果对《边城》的人物一无所知，那么根本没有必要来凤凰古城"。

这话说得颇有些物是人非的味道。沈从文笔下的茶峒是一个淳朴善良的地方，那里的人们重感情、重信诺，尽管生活是平静祥和的，但茶峒的男女老少却是极具个性的。

老船夫失去了独生女儿，又独自抚养翠翠长大。尽管女儿的感情生活是老船夫心中永远的隐痛，但他仍然坚定地认为不能因为自己的想法去干涉翠翠的终身大事。尽管在隐隐约约中他担心翠翠重蹈母亲的覆辙，却依然告诉大老，若走马路就要在对面的山上为翠翠唱三年六个月的歌，只要翠翠点头了，他没有不同意的。

如果我们从上帝的视角来阅读，会认为正是老船夫这种近乎偏执的态度，让大老以为此事模棱两可，间接地造成了大老的死亡，但这些都丝毫不影响老船夫善良质朴的形象跃然纸上。老船夫看到碾坊会心生羡慕，但他依然恪尽职守地守在渡船边，固执地坚持不向过渡的人要钱，并告诉孙女翠翠不能要过渡人的钱。

这些在今天看来似乎不能被理解的坚守，正是当时中国人质朴、勤劳、善良的真实写照。

在阅读中，我们可以有计划地分步骤带孩子们进行人物剖析，让孩子们在生动鲜活的人物形象中汲取中华传统文化的人性之美。

三、纯爱之美，细腻传神的心理刻画

翠翠与二老的见面，颇有一见误终身的美感。

翠翠是乖巧的，是隐忍的，她从没把自己的心事向任何人说起，只是在多少个夜里，一个人对着月亮偷偷地冒出自己的想法。在歌声响起的那个夜晚，翠翠在少女的迷茫与羞涩之中，分不清虚实。与其说她被歌声带到了山崖，不如说是被心中的向往带到了山崖，梦中的她采到了虎耳草，白日里准备午饭的她也采了一大筐虎耳草。

这些传神又精准的心理描写将一个少女害羞又向往的心理，刻画得入木三分、淋漓尽致。

二老热烈奔放，充满活力。他不在乎王团总家丰厚的陪嫁，登上山坡为心中所爱歌唱。当得知哥哥的死讯后，他痛心疾首，远走他乡，不惜放弃一切。他在文中是勇敢执着的象征。

当下文学作品良莠不齐，大量网络小说中对情爱的描写往往给儿童不利的影响。《边城》一书的阅读能在孩子们的心中留下一颗纯爱的种子，让他们对爱情有美好的向往与憧憬。

遵循自然秩序，促进全面发展

捷克著名教育家夸美纽斯的《大教学论》，是我国新课程改革的基础理论。《大教学论》是最早的一本系统论述学校教育制度的专著。它是将教育学独立为一门学科的思想萌芽。

作者夸美纽斯生活的年代大约在中国明朝万历二十年至清朝康熙年间。阅读本书，可以穿越300多年的时空，感受夸美纽斯超前的教育理念与思想，感受他在苦难与游历中思索教育的普及以及对学制建立和不同阶段学校任务的构想。在深深折服于他的智慧的同时，我不禁想到夸美纽斯的思想对今天教育的指导意义。

一、教育要遵循规律，建立秩序

夸美纽斯认为："自然是宇宙的万事万物""秩序是事物的灵魂，教育要遵循自然界的秩序。"他通过自然界雏鸟成长的过程，形象生动地阐述了这一观点。

今天"双减"政策的落地，正是要使我们的教育回归自然的秩序。以幼小衔接工作为例，其违背教育规律的具体表现为在幼儿园阶段进行"抢跑式"学习。许多家长错误地认为，在幼儿园阶段学习了汉语拼音，甚至学会了识字、写字、计算，那么到了小学阶段会学得更轻松。其实不然，夸美纽斯在对四种学校的论述中指出，幼儿阶段对应母育学校。这个阶段应该以大量的游戏来促进儿童外感观的发展，强制性地完成记忆、书写、计算等教学任务，是不符合儿童身心发展规律的。

即便儿童进入了小学，也应该有一个时段做好衔接。以儿童一入学就接触的汉语拼音教学为例，对于刚入学的孩子来讲，汉语拼音学起来的确非常困难。因为拼音是识字的工具，而非我们母语系统中的文字。让一个6岁的儿童在刚刚接触学校教育的时候，就清晰地明白汉语拼音的工具性，并熟练地运用这一工具显然是非常困难的。因此，在教学中，教师要善于总结汉语拼音教学中的一些基本规律，让儿童建立起学习的基本秩序。

例如，声母的编写是有规律的。双唇音、舌面音、平舌音、翘舌音等声母，有规律地组合在一起。在教学中，我们可以根据一组字母的发音特点，让儿童进行记忆。同时汉语拼音是字母，非常适合儿童用橡皮泥做一做、摆一摆，也适合让儿童分组用游戏的形式猜一猜。这样的教学设计符合教材的编写规律，更符合儿童的身心发展规律，可以达到事半功倍的效果。

二、智慧的形成是道德教育的基础

夸美纽斯非常重视儿童道德方面的教育，他提出智慧、坚忍、节制和正直是衡量一个人道德修养的准绳，把"智慧是形成良好德行的基础"放在了首要位置。

这里的"智慧"是一种明辨是非的能力。我们在学校教育中应该培养儿童这种明辨是非的能力。在小学语文课堂中，每一篇课文都深远地影响着儿童的价值观。以这些课文作为范本，在形成儿童良好智慧的基础上，让儿童形成对周围事物最基本的判断能力是非常重要的。

在教学《狐狸与乌鸦》一课时，我让孩子们在读完课文之后进行故事续编。许多孩子都愤慨地给狐狸安上了悲惨的结局，比如，乌鸦请来猎人打死了狐狸，狐狸吃多了肉掉在河里淹死了……

这时一个叫小谢的孩子站起来，他说："你们为什么要让狐狸死，这太残忍了，不要让狐狸死好不好？"他的话让所有同学都安静了下来。我问他为什么这样想，小谢用磕磕绊绊的语言向我阐述他的观点：他觉得狐狸偷了肉，挨一顿打就可以了，不要让他死，这样做太残忍了。

那一刻，我确实被小谢震撼到了。长期以来，我们的语文课堂充满了许多"非对即错"的是非观。对课文中的人物不做深入的剖析，不对语言进行品味，而是盲目地判定文中主人公的对或错，甚至在课堂上轻言生死，这样的道德准绳是可怕的。儿童尚处于认识世界的阶段，我们应该在课堂上引导儿童站在事物发展规律和事物本源的基础上去分析，去明辨，这样才能使学生形成良好的道德观念。

三、班级授课制应在继承中不断发展

夸美纽斯在300多年前创造性地提出了班级授课制，他的思想在当时具有先进的前瞻性。夸美纽斯提倡小组学习方式，他在著作中对如何分组、组内如何分配任务进行了详细的阐述。他认为照此方法来教学，一个教师可以轻松完成100人的教学任务。

今天，随着时代的发展、义务教育的普及，我们不再满足于"有学上"，而开始追求"上好学"。现在很少见到50人以上的大班，在班级授课制方面，我们更追求小班制、精细化管理，教学中也更关注学生的差异性和个性化行为，鼓励学生有个性、特长化发展。

但是，班级授课制的思想并不过时。在数字化普及的今天，班级授课制也应与时俱进，利用现代化的设备，增强课堂的交互性，提高师生之间、生生之间、人机之间的交互功能，不断拓宽教室的边界，使班级授课制既能高效地开展教学，又能促进学生的全面发展。

在今天的学校教育中，我们要借鉴夸美纽斯的教育思想，遵循自然本性，遵循教育规律，尊重儿童的天性，让教育成为自然中至关重要的一环，让我们的责任真正回归培植，去培植一个个身体健康、思想健全、全面发展的人。

知史明志，给岁月以文明

《国史大纲》是钱穆先生的泣血之作。1937年，随着抗日战争的全面爆发，西南联合大学迁入昆明。之后抗日战争陷入焦灼之中，当时仅有十分之一的国人对抗战胜利抱有坚定信念。在此情况下，钱穆先生在昆明岩泉寺中多方查阅资料，完成了《国史大纲》这部著作。

本书是中国通史上的一个里程碑式的著作。钱穆先生作此书时，对国家的命运应该是忧心忡忡的，他在叙述本国国史时应是抱有一种以此书作为教科书，教育后世青年怀揣复国之志的心态。他把国人对国家之爱比拟为世人对父母之爱、兄弟之爱。他告知后人，凡我国民应对本国历史略知一二并报以温情和敬意。如今以太平盛世之心态读战火纷飞之史作，仍颇有感触。

一、正视历史才有文化自信

《国史大纲》作为一本教科书，编写上重考证，对制度方面的论述也较为全面。

我国历史上可溯至五千年，从唐尧虞舜起至秦汉，国家民族逐渐形成。从此天下大势，分久必合，无论经历战火还是饥荒，中华民族始终坚定大一统之决心。尽管期间也有过异族专政，但中华民族文化从未间断，而是传承至今。

今日之新中国，乃近代无数革命先辈流血牺牲得来。然而随着时代的开放、信息的爆炸，国人信念反不如古人坚定。纵观近期网络上几个现象级事件，如南通一轿车车身张贴日本731部队之标语，家长投诉电影《长津湖》有血腥暴力之嫌等，皆因国人的观念受到开放的冲击，信念不坚定。

国人如果不知国史，自然就没有坚定的民族文化自信，甚至为了所谓的炫酷置民族大义于不顾，国人的个性发展必须与国家的核心价值观相统一。使国人明史、明智、传承民族文化乃吾辈教育人不可推卸的责任。

二、给岁月以文明，而非给文明以岁月

"给岁月以文明，而非给文明以岁月。"这句话出自著名科幻作家刘慈欣的《三体》，是在告诉我们人类文明应该得以延续，但是人类应该继续创造辉煌的文明并让其得以延续。如果抛弃了文明，空谈延续可能就没有那么大的意义了。

今天，许多青年的生活是浑浑噩噩的。娱乐至死的口号麻痹了多少青少年的意志。什么是我们最该追的星，成为青少年道德教育、价值观教育的一个重大课题。

知史更能明志。纵观《国史大纲》，除对朝代事件记录清晰之外，针对政治经济制度和历史大事件也有客观翔实的分析。我国数千年来之大一统，暗含着博大精深的民族文化，切不可对民族文化妄自菲薄，我们要了解我国的历史知识，以史为鉴，这样方有报国之心。

纵观五千年，中华民族一直给岁月以文明，此文明流传华夏大地五千载，养育着中华民族。而今我辈更当发奋图强，谱写文明，不负岁月。

三、明日国力之争取决于今日小学课堂

由当年明月所著的《明朝那些事儿》风靡全国，该书以一种趣谈历史的手法，将明史通俗易懂地写入书中，多少人是因为这套史书爱上了明史。

无独有偶，网络上一部火爆的动画片《那年那兔那些事儿》以趣说历史的手法讲述了近现代影响我国历史发展进程的大事件。该片以儿童喜闻乐见的动画形式，将重大国际关系、重大历史事件对少年儿童进行普及，深受少年儿童的喜爱。

儿童都是希望得知过去并探知其究竟的，教学中以儿童喜闻乐见的方式将历史告诉儿童，是今天教育人必须思考的问题。犹记得当年中日历史课堂的对比：当中国的学生在拼命背诵历史年代表、背诵《中日马关条约》《中英南京条约》的各项条款内容时，日本的历史课堂却带领学生进行探究性分析，如果未来中日还有一战，那么最有可能发生在什么时间？战局走向将会如何？

可以说明日世界强国的国力之争早已取决于今日的小学课堂。学历史仅仅会背诵知识是远远不够的，还应通过学习通史了解历史走向背后的制度，并究其原因，认清历史的进程，这样才能引发深思。

《国史大纲》诞生于烽火连天的抗战时期，今日读来深感钱穆先生忧国忧民的大智慧、大悲悯。今日我们更当以智慧博爱之心阅读《国史大纲》，唯此才能窥得此书精妙之一二。

守护碧海蓝天之间的麦田

　　《麦田里的守望者》应该是美国文学史上最受争议的一本名著。说它饱受争议是因为：一方面，几乎这个星球上所有官方语言都有其译本；另一方面，美国大使馆在外交中曾把此书作为礼物赠送，居然遭到了海关的截留。在1981年的一次统计中，《麦田里的守望者》成了各学校图书馆被借阅次数最多，也是被禁次数最多的书籍。然而这些都丝毫没有影响它在全球6500万册的发行量。

　　这样一本饱受争议的名著，语文老师应该阅读吗？我认为应该阅读，而且必须阅读。

一、认识那片麦田

书中关于麦田最直接的描述就是霍尔顿和妹妹菲苾的对话。

　　"有那么一群小孩子在一大块麦田里做游戏。几千几万个小孩子，附近没有一个人——没有一个大人，我是说——除了我。我呢，就站在那混帐的悬崖边。我的职务是在那儿守望，要是有哪个孩子往悬崖边奔来，我就把他捉住——我是说孩子们都在狂奔，也不知道自己是在往哪儿跑。我得从什么地方出来，把他们捉住。我整天就干这样的事。我只想当个麦田里的守望者。"

这是全书的点睛之笔，如果单纯地从字面上解读这些语言，我们可以简单地把"守望麦田"认知为他要守护的是孩子。我们继续深入文本来看，他要守住的是哪些孩子呢？可能是妹妹菲苾、死去的弟弟艾里，甚至可能是他的初恋——琴。

在塞林格的笔下，菲苾和艾里都极为聪明，他们的共同点是都长着一头红色的头发，红色在霍尔顿的心中代表的应该不是脾气暴躁，而是聪明。每当霍尔顿孤独无助的时候，他总是拿出他标志性的红色鸭舌帽戴在头上，这可以看作一种自我保护，但我更愿意理解为是霍尔顿对弟弟、妹妹以及他心中的麦田的一种强烈的依恋，戴上帽子这个动作本身就意味着守护。

因为弟弟的早逝，他对弟弟的情感远远不是守护这么简单，里边还包含着一种祈祷寄托。他多次在夜深人静的时候默默地和弟弟对话，甚至在穿越马路的时候暗自祈求弟弟保佑他。舍友请他写作文，写点什么都好，他写的是弟弟的棒球手套。而我们必须注意的是，《麦田里的守望者》中"守望者"一词的英文Catcher直译过来就是棒球队里的捕获手。

尽管塞林格在本书的创作中采用了意识流的表达，但他对自己想守望的麦田的描述却是极有逻辑的。除了在上述人物身上我们可以看到麦田的影子之外，很多事物中也映射出霍尔顿想要守望的麦田。

博物馆是他喜欢的，因为博物馆里的陈设不会变化；纽约中心公园的鸭子是他喜欢的，他一直担心当冰封湖面的时候，鸭子是否会飞走；与琴玩的象棋游戏是他喜欢的，以至于他心心念念忘不了的是，这么多年过去了琴是否还会把国王放在最后一排？霍尔顿心中想守护的麦田是不希望长大、不希望因长大而发生的变化。也许对于作者塞林格来说，他不在意是否有经验的获得，而在意是否能留住这份天真。

二、认识我的麦田

通过上述内容的分析，我们初步认识到了塞林格笔下的那片麦田。现在我们应该继续剖析那片麦田是否真的如他所说天真而一成不变，我们到底该如何认识这片麦田。

我认为这里存在着一个巨大的矛盾。书中所描写的麦田在悬崖边，然而众所周知，麦子不是生长在悬崖边的作物。是霍尔顿认为成人的世界太过危险，而把麦田以外的世界称为悬崖吗？也不尽然。实际上，霍尔顿清楚地知道，在儿童的世界里依然充满了谎言与虚伪，他在学校等妹妹菲芯的时候几经踌躇，终于还是擦掉了写在墙上的脏话，这些脏话难道不是孩子写的吗？而他自己也承认他是个撒谎有天赋的孩子。在本书创作完成的时候，塞林格因参加第二次世界大战而出现应激障碍，也许当时的他清楚地知道自己正处在一个矛盾之中，但是他只能挣扎而无力解决。

语文老师在阅读本书时该如何辩证地看待这一矛盾呢？从读者的角度看，我们应该理解和同情。然而师者的身份提醒我们，我们更应该建立一片值得师生共同守望的麦田。

我们必须清楚在12～18岁，许多孩子会进入心理学上讲的"同一危机"期。不是所有处于"同一危机"中的叛逆的孩子都能像作者赛林格那样，有优渥的家境、有创作的天赋供他购买心中的净土，守住自己的麦田。我们应该帮助那些家境普通的孩子顺利度过这个时期，用爱去帮他们建立并守望一块并不生长在悬崖边的麦田，在保护孩子内心世界的同时，让他们顺利完成从儿童世界向成人世界的过渡。

三、共同守望麦田

塞林格不愿长大却终将长大，然而幸运的是，随着《麦田里的守望者》的出版发行，他终于过上了梦寐以求的遁世生活。

　　他的成长经历让我们不得不正视这样一个词语——"教育的负能效"。塞林格的成长在某种程度上讲是不可以复制的，甚至我们必须承认"学校教育"在他的成长过程中所起的作用可能很小很小。

　　我们身边可能还有许许多多像霍尔顿一样的孩子，我们必须通过心理学研究帮助他们成长。此类儿童越早干预，效果可能越好。

　　我们应该构建家校共建、家校共育的全社会育人体系，从根本上关爱青少年儿童的心理健康成长，呼吁整个社会建构良好的育人氛围。

　　让我们和孩子共同守护一片麦田、一片生长在碧海蓝天之间的麦田。有那么多的孩子从四面八方飞奔而来，而我们的工作是——站在这里，守护他们飞向星辰大海，飞向碧海蓝天。

品味巨匠人生，感悟教育智慧

古之立大事者，不惟有超世之才，亦必有坚忍不拔之志。

——题记

阅读罗曼·罗兰的《名人传》，感受贝多芬、米开朗基罗、列夫·托尔斯泰苦难而又辉煌的人生，品味这些人文精神巨匠的成长历程，我自问：作为一名教师，我应从中获取些什么？我再问：那些初为人父母的人，应从中获取些什么？我追问：当垂暮之年回头再看《名人传》时，应回味些什么？

一、苦难与人生

贝多芬和米开朗基罗，这两位艺术界殿堂级的人物，无一不经历了苦难的人生。他们的苦难除了来自身体上忍受病痛的折磨，还来自生活的艰辛。不同于今天社会的多元与包容，在那个时代，传世的艺术作品往往得不到应有的报酬。因此，米开朗基罗一生为金钱困扰，贝多芬如是，梵·高亦如是。

不管是遥远的欧洲还是中国的西南边陲，似乎都存在着极为相似的情况。

在云南省红河州建水县，保存着一座始建于元代的文庙，是我国现存的第二大孔庙。文庙中的一件镇庙之宝是矗立于大成殿外的两根青石盘龙柱——石龙抱柱。两根石柱高约5米，直径0.5米，重约5吨，由整块青石雕刻而成。700年前的石匠采用镂刻技术，使得石柱上的盘龙栩栩如生。据说当时的石匠为了完成这两个石柱的雕刻，整整用了7年的时间，而他们得到的报酬却仅有三石米。

今天，当我们驻足于建水文庙的盘龙石柱前，感受先师孔子的"德配天地"时，当我们怀着朝圣的心情走进佛罗伦萨美术馆，凝视大卫的眼神时，我们是否能够透过这些有生命的石刻，感受到当时那些艺术巨匠身上的气息？是否能够透过石雕上有力、精湛的线条，感受到当时那些艺术巨匠在生活面前的挣扎与不屈？又是否能够联想到尽管面对生活的艰辛，那些艺术巨匠却从不肯对自己所挚爱的艺术打折扣？他们与白玉、青石为伴，一勾一划皆是人生的风骨与对艺术境界的追求。

建水文庙的石匠甚至没有在历史长河中留下自己的名字，只留下让人叹服的故事与传世杰作，它们告诉后人：苦难，固然是人生的不幸，然而苦难却一定能以另外一种方式为不屈的人生赋能。

反思今天的教育我们应该带给儿童怎样的人生观和价值观？当他们真正成年的时候，又该怎样来看待自己所面临的挫折与苦难？我认为，必须让儿童在童年时正确地看待挫折。

今天的学校美育十分注重儿童兴趣的培养，这是十分必要的。兴趣是最好的老师，有了对艺术的兴趣，才有持续追求艺术的原动力。然而，学校的课堂却忽略了艺术教育中的挫折教育，许多儿童在一幅画出现失误时会大发脾气，放弃继续绘画。家长面对孩子的信手涂鸦，最关心的是孩子有没有天赋，一旦觉得孩子"天赋"不高，就对艺术弃之如敝屣。这种功利的艺术教育观是十分可怕的。

二、天才与勤奋

你没有最有效地使用而把它放过去的那个钟点是永远不能回来了。

—— 列夫·托尔斯泰

诚然，贝多芬、米开朗基罗、托尔斯泰都是音乐界、美术界、文学界千年一遇的天才。然而一个人的成功仅仅有天赋就够了吗？不，他们的成功更多的是源于他们的坚持以及对美的不懈追求。

反观我们今天的教育，在对儿童的评价上，往往出现滥用赞美的情况，我们会毫不掩饰地夸赞"你真聪明""你真棒"，却没有反思到这一夸赞背后所蕴含的陷阱——说"你真聪明"，实际上就是在暗示儿童很有天赋，而这样的夸赞往往使儿童不愿付出努力。

在今天的美术课堂上，为了追求表面的热闹，许多教师对课堂纪律不加约束，对儿童的绘画过多地强调想象力，毫无线条、色彩、技巧的渗透。这样的美术教育方式，固然可以保留儿童对涂鸦的兴趣，却没有给他们埋下"坚持""追求"的种子。"以美启智""以美育人"是要让"美"在儿童心中留下"追求"的种子。

国内顶级的艺术院校，如中央音乐学院附中、北京舞蹈学院附中，招收的学生年龄在十一二岁。此年龄段的孩子在附中进行专业性的学习与训练，这个过程是极其痛苦的，仅仅依靠兴趣是不可能支撑下来的，要让儿童自己对专业有清晰的认识，产生执着追求的心理。

三、积淀与想象

每个人的心灵深处都有着只有他自己理解的东西。

—— 列夫·托尔斯泰

每个人的心灵深处都住着他自己想象的美好。表达美好的过程需要我们的教育不断地进行唤醒，唤醒儿童心灵深处对美的感受。然而托尔斯泰这句话的另一层意思是，每个人确实都有自己独特的理解和感受，但他只有具有丰厚的人生积淀，方能准确、清晰地表达出来。

我们的老师都懂得保护和珍视孩子们独特的想象力，然而他们却忽略了一点，最高级的想象力往往是不自由的，天马行空的奇思妙想也需要逻辑通顺的言语来表达。

教学应该是一个给儿童持续赋能的过程。在教学的过程中，我们既要保护儿童的想象力，又要最大限度地给予他们丰富的语言，不断丰富儿童的内心积累，使他们能够自如地将自己心中所思所想表达出来。

品味巨匠人生，感悟教育智慧。在阅读《名人传》的过程中，我们要在巨匠的身上汲取生活的坚定信念，在巨匠的人生中正视挫折的重要意义，在巨匠的执着里感受生命的意义。让教育为每一个平凡却不平淡的生命赋能，让教育唤醒每一个平凡却又卓越的人生。

坚守平凡课堂，呼唤时代英雄

与学校低年级的语文老师交流时，我发现这样一个现象：在教师的眼中，革命传统单元离学生的生活很远，学生不容易接受。谁知我在《八角楼上》《刘胡兰》等几课的教学中，发现学生对革命传统文化有着浓厚的兴趣，他们迫不及待地想知道这些故事，对当时的时代背景也喜欢刨根问底。

人类之所以能建造国家，是因为人类身上有一个共同的特点：相信一种精神。而这种精神应该是学校德育工作的根本所在。

今天，当我们面对革命传统文化及英雄主义教育的内容时，应该从以下几个方面来把握。

一、英雄是平凡的人做出伟大的事

英雄不见得都是顶天立地的形象，也不尽如普罗米修斯一般拥有神力，他们可能就是你我身边的平凡人，在特定的历史条件下做出了伟大的事。

以教材中的英雄人物刘胡兰、王二小为例，在教学中，我们除了要让学生体会到这些英雄人物不畏强敌、英勇斗争的革命精神之外，更应该抓住这些英雄身上与你我共通的特点。

刘胡兰牺牲时只有15岁，王二小牺牲时年仅13岁。在今天的和平年代，这个年纪的孩子本应该在学校和同龄人一起享受着球场上的阳光，呼吸着知识的空气，畅想着美好的未来，然而在中华民族危亡之际，这些孩子选择了义无反顾、奋不顾身。

在进行单元整体教学时，我推荐学生观看《战争子午线》这部电影。在影片中，一群儿童背起了比他们的身高还要长的钢枪，行走在长城的沿线，只为执行一个"向西"的命令。电影用蒙太奇式的拼接手法，将今天同龄人的幸福生活与战争年代孩子们所处的情境反复交织，给人以强烈的冲击。

通过以上实例，我们让学生了解到，没有人不珍爱自己的生命，然而在国家危亡之际，每个时代都有一些平凡的人挺身而出，他们就是这个时代的英雄，每个时代都需要英雄。

二、英雄是在认清事实真相后依然热爱生活

在《火烧圆明园》一课的教学中，当学生读到英法联军在这座号称"万园之园"的艺术殿堂里肆意妄为时无不愤慨。有的学生甚至含着眼泪说："老师，我们要到他们的国家去把这些宝物抢回来。"对于学生这样的发言，许多教师会在课堂上大为赞赏，并顺势说出那句"落后就要挨打"。然而这样的课堂教学真的是我们这个时代所需要的吗？

著名特级教师窦桂梅在执教《火烧圆明园》一课时是这样处理这个环节的，她首先让孩子们假设，如果你是当时晚清的一员，如皇帝、大臣、军人或百姓……你会选择怎样做？

果不其然，孩子们群情激昂地说："如果我是皇帝，就和我的国家共存亡""如果我是臣子、军人、百姓，我会抵抗到底，誓死捍卫自己的国土……"

　　窦桂梅老师这样对学生讲："是啊，天子守国门，君王死社稷。同学们都有浓厚的爱国之情，然而历史真的不能假设，真实的情境是怎样的呢？在英法联军入侵北京时，清朝的光绪皇帝和慈禧太后仓皇逃走，留下一城百姓，而当时北京城内的百姓也并没有想象中的奋起反抗。当得知这些真相后，你又想说什么呢？"

　　经过三分钟的沉默后，有些学生站起来感叹："我悲愤……我不能理解……为什么会这样？"

　　于是，窦老师将晚清时期的历史背景资料引入课堂。当读到晚清时期政府的庸碌无为、黑暗腐败时，学生从根源上明白了当时的我国到底落后在什么地方，为什么落后就要挨打。

　　经过课堂上的痛定思痛，有学生坚定地站起来说："所以我们要让自己的国家强大起来，不能再让这样的悲剧重演。"

　　窦桂梅老师的这节课引发了巨大的争议，曾经有人写信给窦桂梅，质疑她，为什么要在课堂上将如此残忍的真相告诉学生。然而我认为，我们在课堂上进行革命教育的时候，需要让学生知道历史的真相。回顾中国共产党的光辉历程，五四运动正是一群进步青年在得知历史的真相后，深感国家的积弱积贫，选择站起来，挽救民族危亡于万一，这才是时代所需要的英雄主义精神。

三、英雄不是个例，时代造就英雄

　　我们还必须让学生知道的是，英雄是人群中的个例，而且是时代造就的。只要我们心中向往崇高，每个人都可能在平凡的岗位上成为英雄。在抗击新冠肺炎疫情的时候，我校教务处的老师来到学校为学生分发教科书，并通过多种方式在"停课不停学"期间，将教科书送到学生手里，他们就是新时代的平凡英雄。

　　我校一名教师，身为家中的独生女，在母亲病重的情况下依然坚守在班主任的工作岗位上，她就是我们身边的英雄。

英雄的存在不一定伴随着流血牺牲，也并不一定都闪耀在聚光灯下。他们是每一个平凡的普通人，在自己的岗位上忠于职守、坚守信念。在儿童心中播下一颗英雄的种子，让儿童明辨是非、向往崇高，是新时代思政教育课堂重要的一笔。

自然选择，不要温顺地走进那个良夜

1828年，未满20岁的达尔文步入剑桥大学基督学院的大门。身为科研三代的他，被父亲规划的人生是成为一名牧师——以上帝之名，在世间传播福音。然而，剑桥大学改变的不仅仅是达尔文的人生规划，更是通过赋予其科学的思考方式令达尔文改变了人们千百年来一直笃信的"上帝创造了一切"的根本观念。

一、科学坚守——吹尽狂沙始到金

《物种起源》这本书的名字，相信对于许多人来说早已如雷贯耳。然而，真正翻开这本书进行阅读时，我却发现和想象中的不太一样。书中用平和、详细的语言记录了日常养殖中的科学观察与推断，没有想象中惊天动地的科学大考察与石破天惊的科学大发现。作者从家鸽的驯化开始讲述了生物变异的特性、变异的法则，从而推论出生命"进化"的演变过程。整本书内容严谨，以论文的方式阐述，通过无数养殖、考察中的实例，完成了对生命演变的推论。

书中所记录的研究方法，直到今天，依然对小学的科学课堂有着非常实用的指导意义。小学生在种植凤仙花的过程中，能够发现花瓣色彩变异，并通过人工选择的方式干预凤仙花后代开花的色彩。科学研究就是要培养儿童沉下心来，学会观察、记录、推断、得出结论。

达尔文把自己定位为一个科学工作者。他创作《物种起源》所使用的就是一个博物学家应坚守的科学方法——观察、对比、分类、记录。当《物种起源》名满天下时，他依然谦逊地表示，自己不过是一个以科学工作者应有的思维进行科学研究的人。

时至今日，市面上依然有许多不赞同《物种起源》的声音，它们试图从各种角度推翻"进化论"。然而越来越多的化石出土证明了达尔文的《物种起源》，并逐渐填补了"进化论"中的化石空白。实践证明，在科学研究中，态度是最重要的，我们必须学会坚守，必须以科学、理性的思维方式进行思考论证。科学研究不能哗众取宠、博人眼球，而要有"吹尽狂沙始到金"的定力。

二、生命往事——洞中一日，世上千年

研究生物学是一项极为庞杂而细致的工作。在达尔文生活的19世纪，从事与达尔文类似工作的学者被统称为博物学家。随着英国海上霸权的不断扩张，当时"日不落"帝国的博物学家们，可以畅通无阻地随着英国的船队进行环球科学考察。达尔文正是在进入剑桥大学后的第5个年头，在导师的推荐下，以船长博物助理的身份开始了环球科考。这对于他提出"自然选择"的理论以及"生物在历史上演绎"的过程论都起到了极佳的推动作用。

在环球旅行中，达尔文感受到了生命的力量、生命的智慧以及生命之间的斗争。在自然选择下，生命从未停止过进化，环境、气候、性选择等诸多不同的原因，促使生命顽强地在这颗蓝色的星球上繁殖、变异、妥协、发展……最终使得强者更强，适者生存。

阅读本书，我们仿佛窥探到了生命演化的艰辛。那种"洞中方一日，世上已千年"的沧桑感扑面而来。在生命演化的进化树上，每一个分支都

应该得到尊重。今天的人类，在自然选择的法则中走到了这颗星球至高的位置，成了自然选择中生存下来的强者。然而，强者是否意味着漠视生命和践踏生态链呢？当然不是，了解了生命进化的沧桑，我们就更应该珍视生命演变的不易，更应该珍视这颗星球上生物多样性的宝贵。"保护生物多样性"是人类这个物种在21世纪面临的最重要的生物学课题。

三、自然选择——不要温顺地走进那个良夜

"自然选择"的中文表达是这样一句人尽皆知的谚语："物竞天择，适者生存。"这句谚语从字面来看，似乎在昭示着弱者理应被淘汰的命运，只有强者才能实现生存。然而纵观本书"自然选择""论地质记录"两章内容，我们深切地感受到，生命从来没有因为自己的弱小就放弃生存。我们的祖先没有"温顺地走进那个良夜"，而是在自然选择中不断斗争、妥协、让步、变异、进化。尽管自然选择的过程极其缓慢，但它终究以不懈的微小的力量形成了今天庞大的生物学图谱。

今天，我们可以站在博物馆的橱窗前感慨，在古生代第一个爬上陆地的鱼，再也不是鱼了；也可以面对化石，尽情地猜想白垩纪时期地球上庞大的统治者——恐龙，是否以飞鸟的形式与我们共存；更可以利用基因科学的方式来研究人类的起源和迁徙路线……这一切都要感激4亿年前那条爬上陆地的鱼没有"温顺地走进那个良夜"，而是坚定地选择了"进化"。作为它的后代，今天的人类理应像达尔文一样，在科学研究的领域永不停歇。

科学研究永无止境。今天的生物学研究在达尔文"进化论"的基础上又有了突飞猛进的发展。基因工程、微生物的研究都在不断地拓宽生物学领域。"自然选择"告诉人类不能停下研究的脚步，达尔文以"自然选择"之名，为人类在科学探索的旅程中下达了一个永恒的命令——"前进"。

让阅读埋下科学思考的种子

我们到底从哪里来？又将走到哪里去？这可能是每一个人都曾经思考过的问题。浩瀚的星空一直都在引发人类的遐想，古人曾和我们一样站在苍穹下思考。因为思考是人类的本能，探索是人类写入基因的代码。

与成人相比，儿童更有求知欲，他们更愿意听故事，也更愿意思考未来。在课堂上，一名优秀的教师除了传道、授业、解惑之外，激发儿童站在更高维度上思考也是极为必要的。我们从哪里来？将走向何方？茫茫宇宙，人类真的是唯一的智慧生命吗？第73届雨果奖最佳长篇小说获奖作品《三体》应该成为每个孩子必读的书目。

一、认识《三体》

《三体》的作者刘慈欣是一位电力工程师，他在工作闲暇之余，酷爱科幻小说的创作，从20世纪90年代中期开始在科学杂志上发表中短篇小说。2006年他完成了《三体》第一部的撰写并将之连载在《科学》杂志上，从此一发不可收拾。

三体世界有三颗不规则运动的恒星，这个世界随时面临毁灭的危机。在生存与发展的抉择上，刘慈欣用他深邃的哲学思考和极具科学幻想的智慧为我们建构了一个宏大的宇宙社会学。

毫不夸张地讲，刘慈欣单枪匹马地将中国科幻作品提高至世界水平。

刘慈欣的作品热度很高，孩子阅读的兴致也很高。在引导学生阅读《三体》这本书时，教师可以由阅读衍生出许多相关知识的学习，如天文知识、核聚变知识，甚至可以引发学生对历史知识、政治制度的思考。教师在引导学生阅读《三体》这本书时，一定要善于发现学生在阅读中特殊的关注点，只要抓住其中的一个闪光点，就有可能拓展出出色的项目化学习。

二、改变思维方式

今天，我们常常感叹教育变得只关注分数而不关注人的发展。这大体是因为今天的教室太"狭窄"，师生的目光仅仅聚焦在所学的知识上，学生为了学知识而学习。这自然就形成了思维的定式。在《三体》这本书中，恢宏的宇宙观会改变我们的思考方式。刘慈欣大部分作品的一个共同特点是，站在人类命运的角度来思考问题。在他的作品中很少有孤胆英雄，一个绝妙方案往往绝不会只有一人想到。他特别强调基础科学发展的重要性，认为只有基础科学的进步才能改变人类命运的走向。

实际也正是如此。科学史上多少伟大的科学家，他们所从事的研究都是超前现实几十年甚至上百年的。他们坚定地从事着基础科学的研究，人类共享他们的研究成果并科技爆炸式地跨入信息化发展的时代。

指导学生阅读《三体》时，教师应该带着这样的情怀：学习不是为了分数，不是为了高考，而是为了真正从事你所爱的研究领域，甚至是为了改变人类的命运。这话说起来好像很空洞，却是现实。华为技术有限公司正在实施"天才少年"计划，为的就是能在基础物理方面有所突破。在量子力学研究尚未有突破性进展的今天，人类现有基础科学的研究成果，几乎已被榨干最后一滴水。未来国力的竞争一定取决于国家基础科学的发展水平。

三、立下少年志向

少年智，则国智。教师引导学生阅读，除了让学生积累语言汲取文化营养之外，更重要的是让学生形成批判性思维。

学生要有思辨、审辩之精神。阅读一般的小说我们会通过对人物形象的剖析、情节描写的分析来实现对批判性思维的培养，而在阅读《三体》这本书时，我们在导读中，可能要带领学生进行针对某种抉择的审辩。

例如，《死神永生》这部书中提到的"蓝色空间号"与"万有引力号"，还有这部书中的灵魂人物章北海，判断他们究竟是叛逃还是为人类保留火种，这不仅仅是简单的人物、情节分析，还是对人类命运抉择的艰难的思考。这种能对阅读者审辩式思维产生震撼的文学作品着实不多见。

这本书也是赞美生命的。也许在高等文明的眼中，我们的生命不过是不值一提的虫子，然而刘慈欣认为可以看看地球上存在了上亿年的蝗虫，它们从未被消灭过，也从未被征服过。言语间满是对生命的敬畏。

今天，我们应该让学生在课堂上知道，作为这颗蓝色星球上生命的主宰，我们有义务保护这颗星球上的每一个物种，与它们和平共处，共享美丽的星球。

前文提到，人类是乐于思考自己从哪里来，又将走向何方的，儿童尤其如此。一本好书可以在儿童心中埋下一颗种子，立下一个志向。不管是国家发展的未来，还是人类命运的未来，都需要有一群立志于从事基础科学研究、拥有科学研究思维的少年。而这种科学精神的养成，除了在科学课堂上可以做到之外，这样一本书的阅读也会帮助他们从小立下这样的志向。

感谢《三体》将浩瀚的时空盘踞在三部作品中，将科学研究的火种埋藏在三部作品中，将宇宙哲学的密码编写在三部作品中。而我们要做的是带着学生去阅读、去发现，去认识这样一部伟大的作品，改变自己的思考方式，立下一个宏大的志愿。

儿童哲学式阅读的几点思考

胡适先生在《中国哲学史大纲》一书中，这样定义哲学："凡研究人生切要的问题，从根本上着想，要寻一个根本的解决，这种学问，叫作哲学。"对于正处于小学阶段的儿童来说，哲学教育有必要吗？答案是肯定的。哲学需要应用于生活，所以哲学越早教越好。

在小学阶段现有的课程设置中，如何创造性地让儿童接触哲学？我认为应该从自我意识的觉醒、思考模式的建立以及课程整体规划三个方面进行。

一、自我意识的觉醒——认清自我

《丑小鸭》是脍炙人口的童话故事，许多教师在进行这个故事的导读中，往往利用儿童已有的阅读经验去引导孩子们感受命运和生活对丑小鸭有多么不公平，丑小鸭经历了多少苦难，丑小鸭有多么坚忍等。孩子们在这样的导读后，往往对这个故事较为圆满的结局表示满意。

在《丑小鸭》公开课的课堂上曾出现这样类似于笑话的提问：丑小鸭为什么会变成白天鹅呢？孩子们纷纷举手回答道："因为他善良……因为他坚强……因为他不放弃对美丽的向往。"然而教师忘了一个最核心的问题：丑小鸭本来就是天鹅蛋孵出来的，他当然会变成美丽的白天鹅。

这样的课堂映射出一个最核心的问题——无法唤醒孩子们内心自我意识的觉醒。在阅读过程中，孩子们没有意识到"我"是什么，而往往被周围的环境、事物所左右，随波逐流。他们尽管在隐隐约约中知道遇到命运不公平的待遇时，应该不放弃坚持，但却没有清醒地认识到自我的内心，不懂得坚守自己的本心。

聪明的教师在这一课的教学中，会抓住丑小鸭对家猫和母鸡说过的这样一句话："不过，在水里游泳是多么痛快呀！让水淹在你的头上，往水里一钻，那是多么痛快呀！"

正是这样一句看似怯懦而又固执的回答表明了丑小鸭内心的执着与坚守，尽管周围的人都认为游泳是一项无用的技能，可他依然坚持遵循自己的本心，坚持遵循自己的热爱，无关自己的美丑，无关自己的地位，坚持我心，爱我所爱。这才是我们在阅读中应该带给孩子们的哲学方面的思考。

二、科学的思考方式——学会思辨

丑小鸭在兄弟姐妹的眼中长得丑，在养鸭女工的眼中长得丑，在森林伙伴的眼中也长得丑，然而在作者的眼中，丑小鸭真的丑吗？

应该怎样让儿童在课堂上正确看待丑小鸭美与丑的问题呢？我们需要在课堂上抓住关键的语言点撬动课堂，给孩子们正确的思考方式。

安徒生作为世界著名的童话作家，描写"美与丑"简直是信手拈来。在课堂上，我们可以反复引导孩子们朗诵安徒生笔下关于乡下景色的描写。

"乡下真是非常美丽。这正是夏天！小麦是金黄的，燕麦是绿油油的。干草在绿色的牧场上堆成垛，鹳鸟用它又长又红的腿子在散着步，噜嗦地讲着埃及话。"安徒生笔下那一大堆一大堆的干草垛，就仿佛干花一样在碧绿如丝绒般的草地上绽放，当画卷展开时，我们不难想象，这是一幅多么优美的田园风景画。

然而就在这样一个优美的环境中，诞生了一只怎样的小鸭子呢？我们引导孩子们再次阅读安徒生对丑小鸭外形的描写，并随机提出一个问题：作者真的认为丑小鸭长得丑吗？故事中，都是谁在说丑小鸭长得丑呢？

通过这样一个问题，孩子们发现都是"别人"在说丑小鸭丑，而在作者的眼中，丑小鸭只是长得特别而已。

特别和丑陋根本就不是同一个概念，丑小鸭不丑，他仅仅是特别而已，在苦难的经历中，他无非在坚守着自己的特别。这份特别也许就是你我身上与众不同的个性，它不该在学习生活中被抹杀，反而应该成为生命中最珍贵、最值得保护的一部分。

作者笔下一个词语的不同却是对人生看法的不同，学生应该在语文课堂上学会拥有这样一种哲学式的思辨能力。

三、思考工具的介入——撬动课堂

认识到丑小鸭身上的与众不同，我们就更珍视丑小鸭身上珍贵的善良与坚守。然而哲学的思考方式告诉我们，要学会透过现象看到本质。在语文课堂上，我们可以通过语文工具的介入帮助孩子透过作品本身看到写作背景，了解作者的内心想法。

在课堂上，我们引入了"时间轴"这样一个工具，让学生理清作者安徒生的生平，并了解《丑小鸭》一文的创作背景。从安徒生童年苦难的经历中，我们不难看出丑小鸭就是作者自身的真实写照。尽管出身寒微，尝遍人情冷暖，但他依然不肯放弃内心坚守的高贵与善良，而丑小鸭也正是这样，一个瘦小的身体上顶着一颗倔强而高贵的头颅，去追寻自己心中的美丽与善良。

"时间轴"这一工具的使用撬动了整个课堂，使学生在阅读作品本身的同时，能够更深刻地认识到作品的思想内涵，通过阅读让学生穿越时空与大师对话。

对学生核心素养的评价有以下几个维度，即分析理解能力、审辩式的思维、阅读和写作。要提高学生的核心素养，从源头上讲，就要让学生拥有正确的思考方式，建立审辩式的批判思维。在语文课堂上，引导学生用哲学式的思考方式去阅读，会让师生共同发现更多的精彩。